從低谷突破

LESSONS FOR LIVING

40年精神科權威
史塔茲的療癒之道

美國心理治療權威
菲爾．史塔茲 Phil Stutz ／著
姚怡平／譯

suncolor
三采文化

獻給芭芭拉·麥納利（Barbara McNally），
她是一切的開端。

目錄

前言

翻開本書的你，也許讀過了我的前本著書《逆轉無力感的情緒修護工具》（*The Tools:5 Tools to Help You Find Courage, Creativity, and Willpower——and Inspire You to Live Life in Forward Motion*），或在Netflix上的《史塔茲的療癒之道》紀錄片看過我。我有著「明星的精神科醫師」的名號，然而這樣的描述令我厭煩不已，也許也令你同樣厭煩。要反駁上述誤解，最好的方式就是向大眾闡述我過去四十年來擔任精神科醫師的心得。這一路上，我跟夥伴巴瑞・麥可斯（Barry Michels）共同研發全新類型的心理治療，這類型的心理治療有個關鍵點跟舊有模式截然不同——它很有效。

我在紐約長大，就讀紐約市立學院和紐約大學醫學院，在那裡接受醫學和精神病學訓練。之後，我在雷克島監獄擔任精神科醫師五年，同時經營私人診所。不過，精神病學無法真正幫助患者，這件事使我越來越沮喪。

就算搬到洛杉磯後，我也沒有因此懷抱更多希望。雖然我依舊決心找到更好的做法，但是沒有人可以給我任何建言，我覺得自己彷彿是失了舵的船。出於頑固本性，我堅持到處尋找想法和解答，終於，在一個意想不到的群體找到想法和解答——我自己的患者。

我發現，只要我扔掉既有的規則手冊，不把患者看成是基因上或心理上異常的一群人，而以大家都想要的尊重態度去對待他們，他們就會願意依循我的本能指引的方向邁進。幸好他們願意照做，因為持續前行的唯一之道，就是要透過不斷地反覆試驗。在患者的鼓勵下，我開始研發我的「工具」。

我研發的這套情緒修護工具，跟以往的心理治療截然不同。當時我變得灰心喪志，是因為傳統心理治療的設計好像會讓患者無法做出改變。患者要麼被困在一段不再存在的過去，要麼就活在一段尚未到來，也許永遠無法到來的未來幻境中。唯有這套工具能夠打開大門，汲取當下此刻的無窮智慧。

要看出某人是否正在接受這套工具療法，可以從三大特性判斷。

①**功課：**若是以為待在治療師的診間就足以改變人生，這種想法未免天真。人生並非固定不變，無法上一層油漆就煥然一新。人生是個過程，想要改變過程，就必須天天付出努力做功課。

②**前進動力：**舊時的心理治療會讓患者待在過去，把「理解患者過去發生什麼事」奉為至高價值。然而，這套工具療法的至高價值，卻是往未來跨出一步。

③**高階原力**[1]**：**在無窮的宇宙中，人類僅占一小部分。光憑我們自己，什麼事也做不了。然而，宇宙默默施行奇蹟，把能量用於人類的演化。那種奇蹟在某人的人生瓦解時（例如財物損失、情感受挫、自尊心低落等）最是明顯。今日我們最要緊的，是去超越自己對宇宙抱持的局限視角。如果我們認不出高於自我的那股高階原力的存在，它就幫不了我們。我們必須在當下的那刻感受高階原力的存在。這套情緒修護工具，就有助於我們體現出那股原力。

巴瑞和我都很清楚，這個資訊太過重要，不可以只有我倆知道。所以我們共同撰寫了《逆轉無力感的情緒修護工具》，還有後續的《*Coming*

1　高階原力（higher forces）猶如滋養內心的正能量。只要持續練習，就可以提升心靈的力量，獲得真正的快樂和幸福。

Alive（暫譯：重活一次）》。這兩本著作都廣受好評，也為我們開啟了一扇大門，接觸到更廣大的讀者。這兩本著作所提的做法都十分平易近人，讓大家可以把高階原力帶到生活當中。不過，我們也很清楚，情緒修護工具的某個層面，是這兩本書提出的方法所無從傳達的，這些概念是在另一種層次上，可是我不曉得該怎麼清楚傳達。

時間就這樣流逝。

有一天，我在診間四處晃悠時，無意間看到書架上擺著一堆短文，是我在一九九〇年代和二〇〇〇年代初期寫的。這些短文寫成時，我已經開發了這套工具，但巴瑞和我尚未撰寫《逆轉無力感的情緒修護工具》。我忘了短文的存在，基本上就是任其湮沒於時間中了。

那些短文刊登於《真實人生》（*A Real Life*）健康與安適通訊報，該通訊報是跨時代的創舉，那時候網際網路尚未出現，通訊報儼然就是地方派發的實體報紙。

《真實人生》的出版商芭芭拉・麥納利（Barbara McNally）對我的工作很感興趣，她給我機會寫專欄，提出一些想法。每篇短文分別講述一個常見的問題，例如憂鬱、憤怒、寂寞等。在書架上發現短文時，我回想起了通訊報讀者和心靈勵志書讀者提出的意見與回饋，頓時覺得這些舊文有如全新的作品。

我意識到自己必須要讓更廣大的讀者接觸到這些短文，這些短文探討了我想方設法要對大眾傳達的更宏大、深刻的課題，比起當年我撰寫短文的時候，這些短文在今日的意義甚至更為重大。

為什麼？

因為這些短文討論的問題已經惡化，沒有好轉。身為精神科醫師，我每天都目睹著這些惡化的影響。疫情爆發，社群媒體擴散，貪婪橫行於世，分裂的政治體制已然失能，這些事在在加深了我們的孤立感。以前，患者走進我的診間，會將世界的問題隔在門外，先談完自己的事情再說。但如今，在治療時段，需要關注的反倒是這個世界的問題，患者的私人問題都被隔在門外了。這當中有其道理，我們再也無法認為私人問題不會影響世界，反之亦然。後文會詳述這種現象。

（有一點應該要提到，我已細讀並修改過短文，以求切合今日的世界，但我發現需要調整的地方竟然不多。）

接受心理治療，卻對高階原力沒有信念，可能會讓你的感受比以前更差。把心思放在自己身上，不一定會讓人變得自私。專注在自己身上，能量就會增加，不會減少。那股能量能夠轉變世界。

本書會闡述原因和做法。

「理想世界」不過是幻覺

01

我們的文化否認現實的本質，承諾你能夠活在理想的世界，在那個理想世界裡，一切都來得容易，可以避開不愉快的經驗，也總能隨時獲得滿足。更糟的是，文化還暗示我們，如果你沒能活在理想的世界，就是你自己的問題。其實，所謂的理想世界不過是幻覺，不管它讓你感覺多有希望，它其實並不存在。

老實說，你的人生經驗一點都不理想，你真正體驗過的才是真實，你所渴望但並未體驗過的不是真實。簡單來說，現實的本質如下：

- 人生包含了痛苦與逆境。
- 將來充滿不確定性。
- 無論要達到哪種成就，都必須做到遵守紀律。
- 你並不特別。不管你怎麼做，都無法避開上述的人生面。
- 以上的情況永遠不會改變。

另外還有愛、喜悅、驚喜、超越、創造力等，但這些永遠不會單獨發生，而是與上述五點息息相關。

在日常生活中，好像總是有些人生活一帆風順，不會遭逢逆境，媒體把這些人推到我們眼前——他們擁有完美的身材，日子過得無憂無慮，對自己該走的人生道路也很有把握，從不缺少愛或情感呵護，生活充滿著安全感。這些人好像有能力把人生的負面要素都消滅殆盡，而這種力量讓他們顯得很特別。廠商在行銷產品時，承諾會讓我們加入這群人的行列。我們都感受到同樣的壓力，以為得讓別人相信我們是當中的一分子。無論是不曉得下一餐在哪裡的可憐孩子，還是坐擁六間豪宅的超級富豪，都承受著同樣的壓力。當每個人都把幻想當成真實時，幻想就宛若真實。

然而，唯有別人才能讓幻想成真。在你的人生中，你會發現自己沒辦法冒險。你不知道該怎麼做決定、將來的財務狀況未卜、臉上又添了一條皺紋，也沒時間好好教養孩子，**人生無法事事都掌握在手中**。這樣沒什麼不對，這些都是活著會有的感受。問題在於我們的文化把上述那類人定為標準，使我們以為要活得有尊嚴，就必須成為那種人。一旦發生了負面事件，就覺得是發生了不應該發生的事，明明是再尋常不過的人生經歷，卻覺得自己失敗透頂。

有其他路可走嗎？即使人生充滿衝突、不確定性、失望，你仍有辦法培養自信，覺得自己很不錯嗎？你做得到的，但你必須換個角度思考。第一步是，要體悟到人生是個過程。我們的文化讓我們忘了這個事實，還給了有害的暗示，使我們誤以為自己能活出完美的人生，並就此停留在完美的一刻。由優越人士組成的理想世界，有如一張快照或明信片。但將完美的一刻凍結在時間中不過是天方夜譚。**真實的人生是個富於變化與深度的過程**。完美的幻境是一張圖像，膚淺又死氣沉沉，只是這類的圖像很吸引人，因為當中毫無一絲混亂。

真實地活著往往十分痛苦，即使如此，我們也寧願選擇真實地活著，你該如何重新訓練自己做到這點？關鍵就在於這個我們抗拒的事實：**人生是由事件構成**。

要接受人生，唯一的實際做法就是接受每個構成人生的事件。事件之流從未停歇。宇宙的驅動力正是透過人生事件而揭露在我們眼前。為什麼我們會抗拒這個事實？因為接受這個事實，會令我們置身於一個無法盡善盡美又無從預測的世界，沒人知道接下來會發生什麼事，這個既神祕又令人害怕的事實，也讓我們感受到自身渺小，無法掌控世事。

完美的幻境暗示著我們可以超越事件之流，但那是靈性上的死亡，因為**唯有發生事件**，**我們才能接觸到活躍又有意義的宇宙**。假如命運是由一連串的事件編織而成，要達到心理上的健康，就要擁有能懷抱熱忱接受自身命運的能力。

人生無法事事都掌握在手中。
這是活著會有的感受。

處理人生事件就像當個好家長，光是現身、出席還不夠，更要具有觀點，並且備好一套工具。沒做好準備，就無法有建設性地處理事件。為什麼做好準備的人少之又少呢？因為人們往往希望事件，尤其是壞事件，永遠不會到來，他們以為理想世界真實存在，以為可以活在輕鬆的世界裡，每天玩樂透。在我們的文化中，很少人會為人生事件做好充分的準備。

在觀念上做好準備，你就能扭轉負面事件的意義。有了具體的觀念，你對事件的感知也會有積極的改變。這套世界觀如下。

- 負面事件本來就會發生。
- 負面事件存在，不表示你有問題。
- 在負面事件中，總是有改變的機會。
- 比起取得理想的結果，培養靈性技能其實更加重要。

沒人知道自己將來會面對什麼逆境，但不管哪種逆境（比如誤解、遺棄、風險、衝突、失去等），上述觀念都能協助你處之泰然，允許你退開一段距離，辨認事件的屬性，讓事件的價值高過於其直接細節，變得可以歸類。舉例來說，遭到遺棄能教你學會培養一套技能，讓你在情感上更獨立。不過，如果你無法為事件歸類，就看不出其價值了。你只希望事情趕快過去，急著把它完全拋在腦後，於是到頭來，你什麼也沒學到。**辨認事件的類別，就算只是簡單地稱為負面事件，也能讓自己成為充分利用、而非被事件利用的人。**

我們最好把事件給你的教誨看成靈性技能，而非心理技能，這樣一來，就會覺得那是有意義的宇宙透過人生事件（尤其是負面事件）來觸動你。你可以藉由這些靈性技能的協助，從日常事件中找到意義，跟宇宙產生連結。

實驗看看吧，下次當你面對負面事件時，請運用這套觀念，觀察自己的感受。只要保持開放的胸襟並且定期這樣做，就會開始體會到事件具有的重大意義。你的所有體驗將有所改變。訓練自己把事件當成導師，就能把真實的體驗化為觀念的根基。

這就是人類生命的目標。

02

「快樂」無法從外在世界而來

有些時候，身為醫生，不開藥並不容易。偶爾患者會堅持要我開藥，但為了對方好，我必須回絕。如百憂解（Prozac）等抗憂鬱劑使用得當的話，會是天賜之物，但在某些情況下，抗憂鬱劑可能比憂鬱症本身更糟糕。

喬的情況就是這樣，三十歲的他是位英語教授，在菁英學院教書。充滿魅力，在階梯大講堂和社交活動中都是光芒四射。除此之外，他還是個才華洋溢的小說家，出版過一本暢銷書。問題是只要他一閒下來，就會化成一灘爛泥，等到要講課或參加簽書會的時候，才會有生氣。週末的狀況不好，學期中假日或暑假時的狀況就更差了。最常看到他的樣子是無精打采地坐在電視前，整間屋子亂七八糟，他根本不曉得該拿其餘的時間怎麼辦。他一半是迷途的孩子，一半是幻滅的老人，他的文學事業即將早早走下坡。

對於自己的狀況，他抱著近乎古怪扭曲的看法。每當陰鬱的心情襲來，他會問我：「為什麼是現在？」彷彿陰鬱情緒是突如其來地出現。隨後，他會哀怨地問：「喜悅什麼時候才會來？」彷彿喜悅是耶誕老人或救世主。在伍迪・艾倫的電影裡，這種情況會很搞笑；但在現實生活中，卻是個正在成形的災難。

儘管他的狀況如此，我還是不願意開抗憂鬱劑給他。他先是發牢騷，而後開始懇求。但我不為所動，原因就在於他對藥物抱持的態度，和一開始引發憂鬱的心態如出一轍。雖說如此，如果精神科醫師建議你服藥，你就應該認真考慮，有時候實際狀況會比看起來還要更糟糕。然而，喬的狀況不是這樣，他在為自己的人生編織幻境，只要他肯坦誠面對幻境，從那一刻起，他就會好轉。

簡單來說，他認為自己可以透過外在活動來調節情緒和動力，他希望藉由外在事物（例如酒精、學生的稱讚、名聲等）讓自己處於正面的狀態。他會回想大學時期交往的女友，當時兩人的關係充滿激情又極度不穩定，他很想知道自己什麼時候可以再像當初那樣「墜入愛河」。愛是另一件可以讓他快樂的事物，他顯然也是以同樣的眼光看待百憂解。

以為身外之物會讓人快樂是一種不實的盼望。希臘人認為，身外之物是「神祇送來的可疑贈禮」。實際上，只會有兩種結果：要麼期盼的事物不會成真，要麼期盼的事物成真了，效果卻轉瞬即逝。不管是哪種結果，你的狀況都會變得比之前更糟，因為你把自己訓練得執著於外在的結果。

奧斯威辛集中營倖存者、精神科醫師維克多・弗蘭克（Viktor Frankl）在其著作《向生命說 Yes》（*...Trotzdem Ja Zum Leben Sagen*）提到一個極端的例子，一九四四年，據傳同盟國最晚會在耶誕節解放集中營，但等了幾個月，耶誕節都過去了，軍隊還是沒有抵達。當時是集中營醫師的弗蘭克回憶，耶誕節到過年期間，集中營的死亡人數高於其他任何時候。他認為原因是囚犯們的希望破滅。當時的情況十分極端，弗蘭克堅決認為，自己得以倖存，是靠著培養內在工具來撐住情緒。

說明白一點：**人類永遠無法藉由物質世界獲得快樂**。人類是靈性的存在，唯有接觸到高階世界[2]，情緒才能健全。人類需要高階原力，正如人類需要空氣一般。這不是抽象的觀念，而是人類的天性。然而，人類必須不斷努力，才能保持與高階原力的接觸。只不過，懶得努力也是人性。因此，我們容易淪為幻覺的玩物，以為外在的某件事物可以修復我們的情緒，靈性上我們就可以一直消極下去。在這個不實的盼望下，大家以為憂鬱症是外在世界無法照顧你而造成的。但從這個角度看來，憂鬱症可以成為一位優秀的導師。

每當憂鬱症復發，就是在提醒你不能仰賴外在世界。有了這層認知，你在克服憂鬱症的路上，就跨出了第一步。

一旦放棄外在世界能調節心情的奢望，那就只剩下一個選擇：**不管外**

在情況如何，你都要自行撐住情緒。擔起這個責任，正是對抗憂鬱症的第二步。喬對於自己所處的狀態完全不想負責任，他想靠服用百憂解，繼續不負責任下去。我第一次建議他用內在方式控管感受時，他看著我的神情就好像我瘋了一樣。

說得公允一點，其實我們整個文化的基礎，就是利用外在事物來調節情緒。負責照顧自己的感受，並不是明智的決定；要負起責任，就必須時時刻刻監督自身。人生在世，最能帶來自由的事莫過於負起責任，但這也是極為沉悶的事。但你跟高階世界之間的連結，正是要靠一連串微小片刻的累積才能贏得。每當你變得低落、憂鬱或欲振乏力，當下就必須對抗那種情緒。

2 高階世界（higher world），係指人類內在的心靈層面，而非眼睛能看到的物質世界。

這些陰鬱的插曲就好比瑞士起司的坑洞，是我們人生的坑洞，切斷了我們跟高階世界的連結。每個人或多或少都有這樣的坑洞，但就算注意到這點，我們往往也不覺得有責任要做什麼來改變自己的狀態。悲哀的地方就在這裡，畢竟能量的坑洞正是良機，可以藉此改變我們生命力的本質。**生命力其實就是一連串的習慣，如果你習慣從自身之外尋求刺激或認可，那麼每當無法獲得刺激或認可時，你就會陷入憂鬱**。但如果你肯為自己的情緒負起內在責任，在感覺即將墜入坑洞的那一刻採取行動，把自己跟高階原力連結起來，那麼你培養出來的習慣，就能把你的能量和活力提升到新的層次。

有些人就算原則上認為自己必須為自己的情緒負責，但在黑暗的時刻，卻往往沒有擔起責任。因為他們並未真正領悟到，內在工具就足以使人甩開陰鬱的心情，帶來轉變。要克服憂鬱，就必須先意識到這個可能性。而要達到這般的信心，唯一的方法就是取得工具，實際體驗其功效。

以為身外之物會讓人快樂
是一種不實的盼望。

唯有這樣，你才會樂意去做必要的事，也就是反覆運用工具，有時一天要運用好幾次。

有一種工具的成效很高，我稱之為「轉換型動力」。轉換型動力會幫助你把負面情緒轉換成純粹的動力，這種高階的意志力會推動你在人生路上往前邁進。只要花時間練習就會明白，全面地轉變心情，確實有可能做到。

一開始，請先感受那些在你憂鬱時會出現的沉重、低落的感覺，專注在那些感覺上，並且告訴自己，你即將把負面的感覺化為正面的感覺。想像你的頭頂上方有一股強大的高速氣流。

現在，想像自己採取某個行動，這個行動代表你人生中的前進動力，也許是風險，也許是你逃避的事，甚至是某個日常的練習，比如寫作、運動或靜觀。把這幅具體畫面放進頭頂上方的高速氣流中。接著，你要往上飛進這幅畫面，請感覺自己正在採取行動，並且想像這個感覺正牽引你往上飛升。告訴自己，什麼事情都不重要，只有採取行動才重要。

在你覺得自己往上飛的時候，會意識到周遭的世界消失不見了，什麼都不存在，只有行動本身存在。你要讓自己往上高飛，高到可以進入畫面裡。進入畫面以後，請對自己說，你有個目標，這時你會感受到強大的能量。結束練習時，請睜開雙眼，對自己說，你決心要採取畫面中的行動。這一次，你會感受到頭頂上方的畫面毫不費力就把你往上拉入其中，你會覺得自己的氣勢變強並且充滿能量。

熟悉之後，你只要十五秒就能做完這件事。在黑暗的時刻持之以恆地練習，生命力的轉變過程就會自此展開。

03

練習「感恩」讓負面念頭消失

負面思考的力量很可怕，會讓你擔心起某件事，或是覺得世界對你不公平。一開始，內心的憂慮似乎合理，但是幾分鐘後，思緒失去了控制，萬般念頭彷彿各有黑暗的生命力，不斷指責你，「我知道我就要沒工作了，我會一無所有，其他人都不會雇用我。」你會迷失在自身執念建構出來的世界中。

負面念頭會一整天纏著你不放，清晨五點就把你喚醒，讓你痛苦難耐，而且幾乎停不下來，直到你的腦子都壞了。若是你買下的家電性能這麼差，你早就去店家要求退款了，但是，你的腦子不能退貨。

讓我們退一步，想想負面思考的三大特色：

活躍：負面思考是存在於意識裡、想取代健全思維的一股力量。

不理性：負面念頭浮現於腦海時，看起來很真實，但回過頭就會發現，那些念頭幾乎都流於誇大或脫離現實。

習慣：跟所有的常態習慣一樣，越是負面思考，負面思考就會越強大、越難停歇。

可是，那是你的大腦，不是嗎？

為什麼負面思考會那麼難控制？因為它是某個內在敵手的表現，要是你沒意識到這位敵手的存在，就無力擊敗它。我們可以把人腦想像成一台內有病毒的電腦，要是你找不到病毒，電腦裡存放的檔案就會被摧毀殆盡。

我把這位內在敵手稱為「X部分」，它是你心靈的一部分，帶有意圖。這位內在的惡魔執意不讓你體驗現實裡的一件重要事實：世事是不斷變動的——就連最唯物主義的宇宙觀（理論物理學），如今都認同了這個事實。包含當下在內，你的每一刻都是在變動的世界裡漂浮不定。這是好事，因為潛在的變動會把宇宙化為一個巨大的有機體，這個活躍的有機體不斷產生新奇的事物。這股永不停歇的創造力，使得宇宙天生就正面又不吝給予。

宇宙是活躍而無窮無盡的，但這項特質正是「X部分」厭惡的地方。這股負面力量想要別的東西，而且不計代價——「X部分」希望自己獨一無二。但是，當你是不斷變動的整體宇宙的一部分，你就沒有機會變得特別，因為宇宙裡發生的每件事，都是整體所造就的。也許好事會來到你眼前，也許你會成功，但這都不是你一個人的功勞。

在宇宙整體中，個體只是系統的一部分；單憑個體本身，什麼事也做不了。反之，所謂特別，則是認為你是「靠自己成功」的，這暗示著你不是系統的一部分、你可以靠自己克服負面的宇宙。因此，宇宙裡那個不斷變動、不斷創造的靈性核心（那股連結萬物的力量），就剝奪了你手中那個「變得特別的機會」。

「X部分」揮舞著強大的武器，對抗著這個不斷變動的整體：你的內心思維。負面念頭因而產生，變得強烈而突出，淹沒了真實世界的所有經驗。你不再對真實世界做出回應，你只聽見「X部分」描述的世界，並據此做出反應。靈性上目盲的你，陷入了全面的孤獨中。真實宇宙給予的經驗始終是正面的，它不斷創造，且範圍無窮無盡。不過，只要陷入負能量裡，你就無從體驗宇宙與生俱來的、正面的完整感，彷彿它不存在一般。「X部分」描述的現實支離破碎，而那都是拜你所賜。

人很容易養成負面思考的習慣，主要是因為感覺很熟悉，因此我們開始認同那股力量。就拿愛擔心的人來說吧，當他想著「我知道我完了」，表示他正在經歷一個熟悉的情況，他正在擔心，而且隨時都能為自己創造這樣的情境。不管這個情境會引發多大的痛苦，他都熟悉得像是回到家一樣。內在的「X部分」會告訴他：「這就是真實的你，不要反抗。」大部分的時候，他也都不會反抗。

要控制這個惡魔，就必須在自己的靈魂中，找到另一股比負面思考更強大的力量，那股力量就是感恩。所謂的感恩，是指**珍惜現實所給你的直接經驗，用你對真實情況的想法去取代負面念頭**。感恩涉及的是人生中那些牢固又真實的事物，並暗示那些事物是由不斷變動的整體造就出來的。懷著感恩的心，身體會直接感受到一股正面又不吝給予的靈性力量，會覺得自己再度成為全體的一部分，不再感到格格不入。

感恩跟「正面思考」截然不同，正面思考往往著眼於尚未發生的事件（並且期待事件發生），正面思考的本質並未奠基於現實。想想看，你是否曾因為對將來抱持著快樂念頭，就擺脫了深切擔憂的心情？我想不可能。我們所有人都需要的，是設法穿透負能量的帷幕，連結到當下存在的整體驅動力。要抵禦負面思考，我們就要習慣感恩的思考，要習慣讓感恩的念頭流經腦海。

試試看用三十秒的時間想著你覺得感恩的事物。不需要很大，就從那些常被我們視為理所當然的日常事物開始吧。「我看得見，我心懷感恩；我的孩子很健康，我心懷感恩；我的汽車今天發動了，我心懷感恩；我有錢吃早餐，我心懷感恩；我有熱水喝，我心懷感恩；我住在民主國家，我心懷感恩。」盡量去想一些新的事物——你會明白，**就算正經歷最糟糕的一天，還是有無以計數的正面事物已經發生**。每一件來到你眼前的事物，都是拜潛藏在現實背後的那個活躍的靈性有機體所賜，它總是在那裡，它總是在創造，它總是比「X部分」更為強大。

這個練習具有強大的力量，你的心智會懂得以嶄新的方式運作。你會迫使你的心智進入高度創造的狀態，就像是宇宙本身在一切背後運籌帷幄。

感恩的念頭湧上心頭後，請意識到引發感恩念頭的那股內在能量。你會開始覺得自己跟宇宙合而為一，也產生了新的信心，相信自己能夠控制祈禱並不知不覺地做好了祈禱的準備。祈禱自己的心智。你化解了負面念頭，並不知不覺地做好了祈禱的準備。祈禱不需要特定的形式，也不見得會連結到任何宗教體系。不管你個人的靈性信仰和實踐是什麼，你都已經引領心智超越自身，使其化為橋梁，帶你前往更高遠的地方。

04

不懂得「滿足」造成慢性不滿的世界

電影《四眼天雞》裡的雞丁大喊「天要塌了！天要塌了！」的經典名句，到處散播著毫無根據的恐慌。在童話故事裡，天空從來沒有塌下來過。但這一次，「天空」會不會真的塌下來呢？我們賴以安居樂業的那些體制，例如：企業醫療保健、學術機構、各層級的政府、金融動力、軍隊、司法體系等，就是那片象徵性的天空，我們往往視之為我們的社會安全網。

我們打造的安全網巨大無比，如果它掉落，我們便無法毫不畏懼地生活及工作了。不幸的是，安全網好像真的會墜落，如果大眾的集體心理健康是個指標的話，那麼現在警鈴已經響了好一陣子。抗焦慮藥物的開立速度引人擔憂，成效卻微乎其微。沒人睡得著覺，這不是老人家的那種夜不成眠，而是全新的症狀。

我們察覺到某處出了大錯，卻找不到錯在哪裡，只感受到這場普世的搏鬥帶來的憤怒和困惑。我們自然會認為，自己是在對抗某個一心想摧毀我們的邪惡對手——黑武士達斯維德再度回歸。不過，真正的敵手——自己——才更危險得多。

這另一面的你所使用的武器——不滿足——也許才是最是所向無敵的。我們之所以活在今日這個慣性不滿的世界，是因為我們不再懂得知足。

在沒人對自己擁有的事物感到開心的社會中，人得不到祥和，心靈也不會平靜，人與人之間只剩下競爭與偏執。當我們無法擁有自己想要的一切，就會斷定別人拿到的東西肯定比較多。

然而，這位敵手並不是完整的你，只是部分的你，它正是上一章所述的「X部分」。

「X部分」不止於概念，它是實質對抗你的行為者，不僅永不放棄，更會致力毀掉你的潛能。當「X部分」在運作時，我們一定要懂得辨識出它來。這點至關緊要。

「X部分」在運作時，會顯現出以下四項特質，有助於我們辨認出它的存在：

原始（Primitive）：有變動，才有演化。但「X部分」會讓你停留在舒適又熟悉的狀態，這樣也許令你愉快，卻無法使你前進。你會陷入重複的思考或行為。

回報（Reward，神奇的回報）：「X部分」聲稱只要達到目標，你就會神奇地獲得充實感。這是謊言，很多成功人士都極不快樂，他們達到了膚淺的目標，那些目標只能給他們虛假的滿足感。

傷害（Injury）：「X部分」會讓你以為全世界都在反對你，你累積了一次又一次的傷害，藉此證明人生不公平。

必做（Must）：「X部分」引發的能量會刺激你衝動行事，它讓你覺得自己必須去做某些事，而且你無從抗拒，就算這些事情可能對你不利。

我將這上述四項特質，簡稱為PRIM。

簡單來說，「X部分」創造了我們實際上沒有的問題，而且還提出導致問題變得更嚴重的解方。不管是事業、人際關係還是個人目標，「X部分」都想插手，而且會竭盡全力不讓你感受到快樂。

不過，矛盾也在這裡：出現問題，人才會成長。「X部分」會打擊、削弱你，但你面對「X部分」的態度，才是左右你未來／最終是否會成功的關鍵。

宇宙非常聰明，它會藉由事件的發生，跟你對話交流。**你改變不了也避不開人生中不愉快、不快樂且意想不到的情況，只能改變自己的思考模式**，以掌握方法應對難關。你的私人問題所呈現出的，正是你需要努力的地方。

不過，有時也會出現大干擾，宇宙帶來了影響每個人的重大事件。每當重大事件發生，就是我們促進社會整體演化的機會。近來的國際事件，例如全球疫情、金融危機、假消息的擴散、政治體系中極端主義的興起等，各種難關都讓我們有機會跟高階原力培養關係，進一步發揮潛能，並一起向「X部分」宣戰。

練習面對你個人的「X部分」，就會得到真正的教誨和回報，促進你的成長。一旦學會這類技能，你在對抗「X部分」的戰爭中，就有了獲勝的契機。不管是面對私人問題還是社會問題，方法是一樣的：歸根究柢，都要看你採用何種方法對抗「X部分」。

唯有對抗一途，才能邁向真正的滿足。

05

「時間」是來自神祇的贈禮

詹姆斯・泰勒（James Taylor）一首老歌的歌詞寫道：「人生的奧祕就是享受時間的流逝。」這點無庸置疑。但是，對大多數人來說，時間是個大問題，我們的時間不夠。可是，越是在時間後頭苦苦追趕，時間就離我們越遠。這件棘手之物總是從我們的指縫間溜走，嘲笑著我們。我們迫切需要時間，卻也浪費時間，最慘的是，我們還會變老，逐漸失去這寶貴的時間。時間成為一大強敵，我們總是不禁覺得自己就要輸掉這場戰役。我們已失去克服時間的祕密。

時間之所以看起來難以應對，是因為我們從根本上就誤解了它的本質和意義。我們貪圖時間，卻也不尊重時間，彷彿它是我們可以買賣的物品，可以任意掌控。現代生活的一大謊言，就是聲稱科技會讓我們成為時間的主人。但實際上，機器甚至讓時間更快離開我們身邊。於是出現了一個反常的定律：你擁有的機器越多，時間就越少。你瀏覽社群媒體的動態消息直到午夜，但隔天一早就要起床把車開去車廠。你從早到晚都在收簡訊。機器占去了你全部時間，你沒有留時間給自己，科技導致我們忘了時間的本質。

我們忘了時間有多神聖。

在古人眼裡，時間是神祇的贈禮，我們必須敬畏並尊重它。長者之所以受到敬重，正是因為他們在時間之流中邁向成熟。時間比個體更崇高，人不該掌控時間，而是要珍惜時間。從這神聖的時間觀來看，所有的好事，無論是孩子的成長還是作物的收成，都是規律過程的一部分。但我們的文化墮落了，竟然對所有需要花時間的事物嗤之以鼻。我們崇拜青春，因為青春尚未受時間影響；我們嚮往一夜致富，對努力多年攀上巔峰興趣缺缺；我們渴望盡快獲得滿足，一刻也等不及，所以我們大吃大喝、嗑藥，或沉迷於手機。

唯有經由儀式化的方法，跟時間建立關係，時間才會重回神聖的地位。有了儀式，意義就會進入生活當中。在古代，儀式與時間息息相關，也許是在一年的某個季節進行，甚至是一天的某個時段進行。儀式是一種機制，古人藉此認可時間來自於高階世界。古人很清楚，要是失去儀式，人生的意義就會瓦解。假期時、婚禮時、喪禮時，我們還能感受到儀式的重要。只不過，我們已經失去了日常生活的儀式感。

我們已經失去了自身的規律。

我們既不依靠土地謀生，也不是生存在古老的部落文化中，所以就更難尊崇那無從逃避的時間規律。若不學會怎麼做，我們就會一直活在這狂亂又無意義的世界，拚命設法追趕，卻不得其門而入。我們確實有方法可以重新跟時間建立合適的關係，但不同於古人，我們所處的文化和環境都幫不上忙，只有靠自己負起責任，改變自己的習慣，而且必須嚴守紀律，才能做到。沒錯，人類要跟時間建立正確的關係，就要靠紀律。以下三種工具會有所幫助：順從、承諾、耐心。這三種工具只要運用得宜，就會證實時間是無價的贈禮，而現代生活的儀式感也會恢復。

順從跟自我（ego）有關。自我的天性是，無論什麼時候，想做什麼就做什麼。自我太過重視當下的衝動，外界總是有不能錯過的事物，這導致我們很難長時間專注在一件事上。我們沒有螢幕陪伴，就吃不了一頓飯；我們會突然中斷綿綿情話，就為了回覆一則訊息；寫作或讀書的時候，我們要麼失去專注力，要麼分心去做別的事。

但我們對待吃飯、談話、寫作、讀書等活動的態度，必須像是它們具有神聖性。這些活動是我們的良機，可以恢復日常生活的儀式感。如果它們確實神聖，我們就不敢貿然中斷這些活動，而是會做到結束為止。無論你在這期間的哪一刻有什麼感受，都必須把自己帶到一個別無選擇、非完成不可的地步，彷彿這活動高過個體。我們的整個文化都在反抗這種做法，我們想讓個人的當下衝動高於一切。然而，唯有用這種方式把活動神聖化，真正的自由才會到來。

承諾，連接了過去、現在、將來。承諾不用是長期的，最好是以一天或更短的時間來實踐。你對自己許下諾言要做某件事，然後就信守承諾。如果你承諾明天早上十點健身，就必須在那個時間出現在健身房。準時很重要，如果你說十點開始，那就要十點開始。把十點鐘當作一個神聖的時間，不是因為那個時間天生有什麼特殊之處，而是因為前一天你就許下諾言，會在那個時間點做某件事。於是，十點鐘成為一個機會，讓你可以藉此證明自己會信守承諾。

一旦你習慣這樣行事，生活就會變得有規律，承諾，行動，承諾，行動。承諾會把你連結到你必須採取行動的那個將來，行動會把你連結到你許下承諾的那個過去，你會開始體驗到過去、現在、未來，而這三者同屬一個連續體。如果沒有察覺到連續的時間流，就無法以合宜的尊重態度看待時間，人生將成為一連串無意義又不相關的事件。你終究會想要確實信守承諾的。唯有你覺得自己是在時間連續體裡運作，真正的信心才會到來。

耐心，就是接受事物的創造需要時間，而這個事實是奠基於更深刻的真相，也就是：單憑我們自己，是創造不出任何事物的。我們人生中的每件事，比如寫書、養育子女、煮飯、蓋房子等，無不取決於我們對大環境的參與情形。我們創造的東西，其實是我們跟某個更宏大的整體共同創造出來的。從前，人類跟土地仍保持著緊密的關係，因此無從否認這個事實。當時，時間的規律性之所以神聖，是因為在這類規律裡，看得見高階原力的運作。

現代人出於自大，想要靠自己創造東西，對於要跟高階原力建立合作時間是無價的贈禮。

關係不太感興趣，所以也就不怎麼有耐心等待這股更高階力量的幫助。結果是，一事無成的時候，我們往往失望不已。下次你置身於艱難的局面，請強迫自己留意後續幾小時和幾日發生的事。在大部分情況下，因應的辦法會隨著時間逐漸發展成形。訓練自己去觀察這類現象的人，會對時間的創造力產生信念。時間之所以神聖，正是因為時間具有創造力。唯有像這樣耐心地跟時間建立關係，你才能生出信念，產生真正的信心。

時間也會影響我們建立關係的方式，在家庭內尤其明顯。所謂的家庭，就是必須隨著時間建立關係的一群人。如果在這期間，家庭活動頻頻遭到中斷或從未完成，無人信守承諾，沒人願意等候，那麼家庭的結構就會變得脆弱無力。不尊重時間，就做不到相互尊重。

當一起用餐或祈禱成為固定儀式，當雙親每天都會親密交談一段時間，當活動安排得有條理而規律，家庭就會達到一定程度的和諧與充滿凝聚力。隨著事物行進的速度變慢，孩子會比較容易明白，他們沒辦法一下子就得到所有東西，家長也會覺得沒必要緊逼著孩子向前。大家會有時間好好呼吸喘息，高階原力會進入有規律的家庭當中。

這是大家的福氣。

06

把「怒氣」化為人生的教誨

我們活在一個怒氣沖沖的世界。開車、聽廣播、出門購物時，你很可能至少會碰到一個火冒三丈的人。你不小心做錯什麼事，惹得對方朝你大吼大叫，然後被激怒的你也跟著吼回去。事情發生太快，彷彿我們的心底豢養著一隻野蠻的怪獸，隨時都在都在伺機而動。即使事情結束了，你還是久久不能釋懷。你對自己抱怨對方的不是，當然了，因為想像旁人氣憤總是比較容易，而認知到自己生氣了，總是令你不快許多。

不過，舉起中指的那位駕駛，也許跟你很像，比你願意承認的還要像。你應該聽過吧，要消解這世上的怒氣，必須由自己做起。但是在那當下，就連想到這點也會惹你生氣。

充滿怒氣的爭吵，多半發生於非常低層次的意識。情緒是被感受並表達出來了，但很少人能洞察實際發生的情況。我們不明白怒氣在人生中有何意義，沒有任何指導原則可以用來應對憤怒，沒有哪套工具可以協助我們理解生氣的目的何在，因此我們注定要無止境地重複同樣的經驗，不管去到哪裡都灰心喪氣，以受害者自居。怒氣是一股強大的力量。由於怒氣會把我們連結到自己最原始的那一面，所以我們不想承認發怒是人生的一部分，並占有一席之地。發怒就像所有的強烈情緒，力量強大，除非我們對此有自己的意見並事先擬定計畫，否則無法有建設性地應對這股情緒。

首先，我們要在怒氣中找到有可能正向的東西。有個令人詫異的事實是，在事件過去一陣子後，我們往往會發現引發怒氣的原因常是一些雞毛蒜皮的小事，這些小事幾乎像是藉口，用來釋放某些深藏卻渴望展現的力量。在我們的文化中，這股隱而不顯的力量——亦即憤怒的本質——備受誤解。說來意外，這股力量其實是在努力展現個體性。

憤怒是人類展現「我」（self）最初的一條途徑。想想兩歲幼兒的行為吧，這個年齡的小孩開始要脫離家長，意識到自己的個體性了。那他是怎麼做的？靠的就是大量的負能量和怒氣。這類情緒充滿力量，讓他得以宣告自己跟父母是不同的個體。要建立「我」，發怒是正面的第一步。

身為成年人，原始形式的怒氣並不足以增進我們對個體性的感受。我們必須學會改變憤怒的本質，讓怒氣在人生中扮演正面角色。我們經常把怒氣憋在心裡。多年前，我為某位男性進行了一次心理療程，我記得很清楚，在我見過的人當中，他最是怒氣沖沖，雖然外表看起來很冷靜，但其實內心的嫉妒和憤怒已瀕臨爆發，而原因主要是出在寫作事業上的挫折。十年後，我在報紙上讀到了他的癌症擴散，四十五歲就離開人世的消息。人人都可以學會把怒氣化為某種給人生的教誨，但是在此之前要先瞭解，為什麼我們會緊抓著怒氣不放？

成人的怒氣通常是對外在事件的反應。姑且不論細節，憤怒是察覺到外在世界對我們不公而產生的反應。前文提到的作家覺得自己懷才不遇。然而，不喜歡被同儕盯著看的青少年，也同樣覺得自己吃了虧。內心的憤怒說：「這世界不公平，我沒有得到應有的待遇。」他無意識地緊抓著憤怒不放，等不到世界公平對待他就不放手。憤怒有如一條盤繞的蛇，埋伏等待，稍有挑釁，就突然張口咬人。

這時就要講到應對怒氣的第一條守則：怒氣無法避免。除非你認為這世界每次都會公平地對待你，否則你無疑還會承受其他屈辱和不當對待。這是人生的一部分，你往後的日子都無從避免。因此，傷害本身，還有你的生氣反應都屬於無法避免的自然循環。一旦你接受這點，就不用對自己的反應感到內疚。另一方面，你不用緊抓著怒氣不放，因為不當對待本身也是你自身經驗的一部分。對於世界該如何對待你，你越是不切實際，在被不當對待時你就會越震驚。你會覺得別人永遠都在針對你，為此耿耿於懷。矛盾的是，就是因為有那麼多人對受到不公對待而憤怒不已，所以我們的社會才會處處都是行走的火藥桶。我們與彼此作對，把每個人感受到的不公都放大了。

有些人堅稱世人應公平對待我們，最後卻反而覺得自己是受害者。在國家的層次上，導致了利益團體相互競爭、社會分裂。政治言論本身正是以憤怒為燃料，熊熊燃燒。然而，受害者的怒氣並不具建設性。在這種憤怒下，人會無意識地渴望事情「按照本來應當的方向」進行，於是就有了繼續生氣的理由，怒氣和受害者情結成了我們因為熟悉而緊抓不放的身分。由此看來，人越是生氣，就越不可能在人生路上繼續前進。憤怒成為一只錨，阻礙人們前行。我們身邊往往有些人反覆在相同情況下展現同一種怒氣，其實他們是卡住了。問題來了：「為了在人生路上繼續前進，我們該怎麼應對怒氣？」

關鍵在於怒氣一出現就要立刻處理。如果任其惡化，時間越長，怒氣就越會深植於內心，最後妨礙我們的身心健康。處理怒氣跟抑制怒氣不一樣，前文提過的那位作家，或許就是死於生悶氣。我們需要以有創意的方法來處理怒氣，把怒氣化為正面的力量。這時就要實踐三大步驟。

第一步是，當你發覺自己憤怒不已，請冷靜下來一陣子，把**注意力放在你的憤怒上**，其他事情都不要想，盡量讓這股情緒變得強烈，我稱之為「自我主張」。

第二步是**完全關掉怒氣**。這點看起來很難，其實不會：想像你置身於夜晚的大自然，抬頭仰望無盡的繁星。感受自身在宇宙裡的渺小，你個人的事會顯得不重要，這時你就可以感受到怒氣逐漸消失，這個步驟叫做「自我控制」。

第三步是**把注意力放在那位激怒你的人身上，把愛的能量傳送給對方**。請認真去做，別想著對方是不是真的值得你的愛。就像你在做運動那樣，做這個練習時，不要加入任何批判。把愛的能量投注給傷害你的人，這種能力叫做「主動的愛」，是「我」的最高層次。

重複進行這三個步驟，直到化解內心的情緒為止。你並未抑制或否定內心的怒氣，而是把怒氣轉化為另一種能量。每當你這樣做，「我」就會變得更強大，更不會受到他人行動的影響。

很多人反對這種做法，說這樣很消極，但遠非如此。人們多半不知如何消解內心的怒氣，他們花費大量時間和精力執著於別人對自己做過的事，想著如何讓對方為過失做出補償。他們的注意力被轉移了，變得不願意在人生中往前邁進。他們表現出來的怒氣，看起來強而有力、極具攻擊性，但其實缺乏正面效應。他們被內心的憤怒給困住，反而變成了消極的人。事實上，他們確實是「受害者」——浪費自身意志力的人。

一旦你學會把憤怒化為愛，就能讓「我」變得更強大。站在這個嶄新的高度，你就能夠接受挫折和不公，人生再也不會打結。你會變得更沉著自持。你的能量會獲得自由，可以集中於你的未來。怒氣再也沒辦法把你變成受害者，反而會成為釋放高我創造力的第一步，創造力會透過愛，而不是恨，來表達自己。

這個高我會默默帶來勇氣，幫助你在人生中往前邁進——這份勇氣遠比世間的萬千怒吼要強大許多。

把怒氣轉化為另一種能量，
「我」就會變得更強大。

07

戒除「壞習慣」上癮

我有位患者是攝影師經紀人，他的生活各方面正逐漸瓦解。他體重超重、無法專注、蓬頭垢面，看起來像個發育過度的孩子，永遠記不住穿衣服要把襯衫塞好。讓你想不到的是，他竟然經營著一家大型經紀公司，但其實應該說是公司在經營他才對。他聽命於一大堆要求很多的藝術家。「我就像是要照顧三十個嬰兒的老媽子，他們老是在喊肚子餓。」他沒辦法拒絕客戶的要求，每天都工作到筋疲力盡。

由於生活、工作的壓力，他給自己的慰勞就是沉迷於幾項嗜好，卻導致身體和情緒變得衰弱。他會一天偷偷抽大麻好幾次，大啖牛排，還會強迫旁人聽他叨叨絮絮一籮筐煩心事，不管對方想不想聽。

他的事業做得不錯，生活卻是一塌糊塗。他需要新的辦公室，卻沒有心力搬遷。他想擺脫那些蠻不講理的客戶，卻害怕衝突。他跟妻子漸行漸遠，卻找不到時間修復感情。他外表像個孩子，心裡卻覺得自己衰老，他說：「我好像快死了。」我對他說，他可以重獲人生目標，進而恢復生命力。不過，得要付出代價才行——一定要改掉壞習慣、不可以抽大麻、不可以暴飲暴食、不可以亂倒情緒垃圾。但這些建議讓他慌了起來。「不行，沒有這些東西，我撐不了一天，不能先從其他地方著手嗎？」我回答：「沒辦法。」

壞習慣不僅危及他的健康，還耗盡他的精力，害他的人生無法往前邁進。所有壞習慣背後的衝動，都是經由我所謂的低階管道[3]的途徑，直接通往當下的滿足感。無論我們伸手拿的是餅乾還是香菸，無論我們是要發洩內心的牢騷還是憤怒，都是在尋求即刻的回報。在這樣的衝動下，欲望經由低階管道來到我們眼前，開口說：「我現在就要。」

很多人都聽憑低階管道來左右我們過日子。

這位男性過度服務客戶的衝動，其實是因為他想贏得客戶的愛。聽憑低階管道左右的人生，猶如災難一場，一陣快感過後，什麼也沒留下。但儘管多數人明知結果會造成傷害，還是無法脫離這種原始本能欲望。

壞習慣背後的動力是我們的惡魔面，它想阻擋我們前進。這股內在力量——我們的「X部分」——是個狡猾的敵手，玩弄著我們的心智。它的影響力來自於它能讓我們置身另一種狀態下，讓我們以為壞習慣不會造成任何後遺症。我的患者會說：「我知道那些食物和毒品對我沒好處，但是我想放縱的時候，這些危險都變得很不真實，我只能感受到內心的欲望。」如果你表現得像不顧一切後果，你就失去了對未來的判斷力，只剩下眼前的快感。而沒了未來，人生就毫無意義。「X部分」很擅長讓你以為自己戒掉壞習慣就無法正常生活。

3 低階管道（lower channel），讓人們受困於物質欲望和本能衝動的陷阱，使我們只顧著追求短暫的快樂，忽略了心靈的真正需求，最終導致空虛和不滿足。

你當然能夠正常生活，因為一直以來都是這樣。

人生充滿辛苦的掙扎。承受痛苦、付出努力，自然會想得到回報，這是人之常情。大部分時候，我們會得到回報，只是不清楚回報何時會到，會獲得怎樣的回報。這是宇宙的法則，而我們必須對未來抱持信念。然而，「X部分」卻對我們說，我們很特別，不用遵循宇宙的法則，我們有權現在就得到回報。實際上，「X部分」還說，我們唯一能信任的東西，就是當下的滿足感，信念是沒有必要的東西。可是，沒有信念，人會變得軟弱。如果沒有那些微小的回報，那位男性就不願付出任何努力。他看不清真相，不明白他眼中的回報其實是懲罰，會危及他的健康，讓他長不大。「X部分」完全騙過了他。

不阻止這股力量的話，它會把你的衝動化為癮頭。低階管道的每一股衝動，都會帶著你向外尋求滿足感。然而，人類是靈性的存在，唯有跟高階原力產生連結，才能獲得真正的滿足感。這類力量，有人稱之為神，有人稱之為心流，也有人稱之為潛意識（如本書通篇所述），不管怎麼稱呼都無關緊要，這些都是唯有在自己的內心才找得到的無窮原力。越是往外進入物質世界，就離這些力量越遠，越容易覺得空虛。

我們或多或少都會感受到內心的空虛，內在的空洞。「X部分」欺騙了我們，它叫我們向外尋求，再吃一大塊烤肉吧、再吃一片蛋糕吧、再大發一頓脾氣吧，它說這樣就能填補空洞。於是，我們把自己帶到離內在原力更遠的地方，使得內在的空虛更無法滿足。這是惡性循環，越是依原始衝動過日子，空洞就變得越巨大。

癮頭的本質是：我們試圖以有限的經驗來填滿無盡的空洞。

有句老話說，瘋狂就是反覆做同一件事，還奢望結果有所不同。這類模式極具破壞性，而且難以打破。只要我們沒有獲得當下的滿足感，就會感到匱乏。「X部分」訴諸我們的自私心態，對我們說，我們永遠不應感到匱乏。

要對抗「X部分」的唯一之道，就是同樣用為自己好的理由，不向內心的衝動屈服。換句話說，我們要從匱乏感中找到回報。這在強調低階管道、純粹物質的世界中似乎是天方夜譚，但只要站在能量而非物品的角度來看待人生，一切就會有所改變，而且改變會來得很快。

每當你壓抑內心的衝動，就是在封閉低階管道。這時會出現動力的反轉——當你遏止衝動時，就是在反轉衝動的能量，使其保留於你的內在。這股能量會產生轉變，經由高階管道[4]，以更強大的形式出現。這條途徑具有創造的力量，會利用其無窮的力量，把你連結到心流世界。你運用高階管道時，高階原力就會幫助你邁向目標。

只要你戒除癮頭，這股強大的能量就是你得到的回報。而在這條高階管道裡，能量會逐漸地累積。每一次做出克制的行為，就等於是累積更多能量。你投資在自己身上，讓高階管道的能量帶給你勇氣、創造力與人生目標。

這股能量的動力反轉，不只是一個概念而已，更是你可以運用的工具，每當內心出現了破壞力強的衝動，都可以運用這個工具。假設你很想吃糖果，期望的快感就會開啟低階管道。我發現要關閉這個管道，最好的方法就是去感受那種痛苦，因為低階管道的癮頭最後總會帶來痛苦。

每當你渴望糖時，請聯想到那種痛苦感。多練習，你就會做得更好。感受到痛苦，就會使這個管道關閉。然後，請默默求助，盡量滿懷熱忱地祈求。請想像一群靈性導師從天而降，把你拉出低階管道。我看見的導師

---

4 高階管道（higher channel），引導人們走向心靈成長和真正幸福的途徑。它需要人們克制眼前的欲望，追求長遠的目標，並透過持續的努力和練習，累積「高階原力」，最終獲得持久的快樂和滿足。

是穿著白袍，你可以運用任何有用的形象。如果你討厭靈性導師的概念，就想成是純粹出自於你潛意識的力量。最後，想像自己跟這些嚮導人物一起走出來，進入這個世界。你的目標就是為世界奉獻心力。

再說一次，請教會自己快速產生這種造福世人的感覺。要開啟高階管道，奉獻是最直接的方式。你會確實地感受到那股想吃糖的衝動就此消失。

我們所處的社會是個成癮的社會，立即的滿足感就是我們的信仰，談論自我控制被視為軟弱的表現。然而，要真正幫助自己，唯一的方法就是改掉這種習慣。如此一來，那股改變我們未來的力量，就會開始啟動。

08

「下決定」只是過程的一部分

沒有一個角色像哈姆雷特那樣，在我心頭縈繞不去，不純然是因為莎士比亞才華洋溢，也是因為猶豫不決的困境很有意思。四百年後，這位飽受磨難的丹麥王子的靈魂，仍住在我們所有人的體內。公允地說，其實猶豫不決是現代人的顯著特徵之一。

喪失了傳統穩固不變的確定性，脫離了教會、家庭、社區的支援之後，我們變得必須靠自己來決定自身的命運。在某種意義上，我們擁有的高度自由，是先前的世代所不敢置信的；然而，隨之而來的焦慮感，也是祖輩們永遠無從想像的。雖然我們擁有眾多的選擇，卻連最小的決定也做不出來。在現代的處境下，到底是什麼讓我們變得這樣猶豫不決？

莎士比亞的戲劇提供了線索。《哈姆雷特》寫於十七世紀初，恰逢現代世界的誕生，大家開始注重理性與邏輯、發展科學的宇宙觀，最後引發了工業革命。這種新方向帶來了深刻的心理影響。正面來看，理性的能力帶來高度的個體性和自由感，而這兩種特質確實是現代人的特徵。不過，思考永遠無法帶來事物的確定性，由於思考會切斷你跟直覺的關係，反而會因此增加不確定性。就連理論物理學[5]也承認，理性的觀察者永遠無法預測將來會發生何事（海森堡不確定性原理 Heisenberg Uncertainty Principle）。

在某種意義上，哈姆雷特是走在時代之先，他那嚴重的猶豫不決和自我懷疑，讓他成了現代人的原型。他的思考能力和理性能力導致他在這個世界格格不入，行動能力也因此癱瘓，所以我們才會覺得他很有意思，他的困境就是我們的困境。

理性思考的問題在於，你以為自己能藉此正確無誤地理解事物，但對於眼前的議題，你要達到百分之百的理解，就非得掌握住每個相關事實不可，可惜人生並非事事可預料。如果你決定創業，十八個月後的經濟情況怎麼樣，你不可能會知道；如果你決定把孩子送到夏令營，同寢的其他孩子個性怎麼樣，你不可能會知道；就算是像看電影這樣簡單的決定，你也不可能知道到時電影院或路上交通會有多擁擠。

宇宙是無從預測又不斷變動的，我們無法達到完全或絕對地理解。有人以為自己能夠邏輯分析所有因素，並且據此理性地做出決策，但這種觀念無法應用於現實生活。史上最知名的決策家林肯總統說，他在做重大決策時，從來沒能掌握到他需要的全部事實。艾森豪下令美軍登陸諾曼第海灘之後，對自己做的決策很沒把握，病由心生，因此回房睡了一天。

堅信靠思考就能做出「正確」決策的信念，帶來的是虛假的安心感。你誤以為自己已理解並分析了眼前局勢的各個層面，但唯有置身於不再變

5 又稱理論物理，係指為現實世界建立數學模型以理解所有物理現象的表現。

動的世界，你才有可能做到全面的理解及分析。然而，這個幻覺具有強烈的吸引力。如果我們確實能活在完全可知又固定不變的世界，一旦我們做出決策，那個決策就不需要變動，沒有必要做出進一步的決策了。聽起來很不錯，現實上卻做不到。

糟糕的決策多半是由這種不可能成真的幻想所促成。我們想要做出「正確的」決策，然後期望世界不再變動，我們便永遠不用再面對不確定性，結果是，就連小小的決定，都變得攸關生死。做出良好的決策，就能拯救自己；做出糟糕的決策，一切就毀了。實際上，不管決策是好是壞，人生還是會繼續前進。除了必來的死亡和必繳的稅金以外，人生還有一件明確的事，那就是**你永遠必須做出進一步的決策**，而且通常是在你過去曾舉棋不定的地方。你也許曾煩惱孩子該上哪所學校，最後做了選擇，祈禱她順利入學，等她入學了，卻發現她很討厭那所學校，讀了一年就想轉學。

新的決策即將到來，因為新的決策總是會到來。

只要放下那種不可思議的信念，不再認為自己永遠能把事情做對，那就表示你已準備把決策看成是過程的一部分。你不再以為自己能做出很好的決策，足以免去進一步的不確定性和進一步的決策。**每個決策都只是決策過程中的一步，而你的人生還要這樣一步一決策地往前邁進**。除了少數例外，一個決策並不足以拯救你，也不足以毀掉你（雖然當下看起來會），但學習正確下決策的法則並多加運用，卻能改變你的人生，緩解你內心的莫大壓力與自我懷疑。

首先，千萬不要將注意力放在決策的結果上，而是要放在你做決策的方法上。只要方法合宜，就算結果不好，你在以下方面還是會有所進步：

忍受失去

做決策時想著避免失去是人之常情。誤以為自己做得出正確決策，容易使我們相信，自己居住的城市、踏上的事業道路、支持的政治人物，都是最佳選擇。我們貶低其他未踏上的路，因為這樣能保護我們，讓我們不覺得自己因此失去什麼。不過，實際上**有決策，就有失去**。決策本來就會帶來限制，如果我住在佛羅里達州，我就失去了住在科羅拉多州的能力；如果我成為教師，我就失去了成為工程師的機會；如果我去看某部電影，我就錯過了同一晚放映的另一部電影。雖然這些事實看起來再正常不過，我們卻總是拋之腦後。

在某種意義上，你做出的每個決策，都是在對你居處的世界設限，這種情況無從避免。幸好，意識到外在的限制，反而能讓我們在靈性上變得強大。一旦接受外在世界本來就具備局限的性質，內在世界就會開啟大門，讓我們不得不向內尋求充實感。決策可以成為靈性成長的工具。說來矛盾，這種內在導向的決策模式，長期下來反而能創造更好的外在結果。

然而，就算某個決策的最終結果不好，也不表示你是個失敗的決策者。優秀的決策者都明白，有得必有失，他們不僅能從失去中振作起來，也能預料到將來必須忍受更多的失去。他們明白自己沒必要「正確無誤」後，也就不會那麼恐懼和不知所措了。

釐清你的價值觀

合宜的決策會迫使你釐清自己真正重視什麼。資訊的落差始終存在，而其中的不確定之處，正是你必須努力的地方。因此，盤點優缺點這種由來已久的做法永遠不夠，總有一些優缺點是你沒意識到的。因此，你反而可以去定義在特定情況下，你心目中的最高價值是什麼，而且不一定是道德上的價值觀。請捫心自問，在你眼裡，什麼事情最重要？儘管明尼蘇達州氣候不佳，你可能還是會選擇住在明尼蘇達州，因為待在家人身邊是你的至高價值；儘管兒科醫師的工作環境很辛苦，你可能還是會選擇成為兒科醫師，因為服務小孩是你的至高價值。

你心目中最重要的因素，會成為大小決策的最大變因。當你事後回想當時的決策，覺得自己犯下錯誤時，你還是會認為那些失去是值得的，因為你是以自己最重視的事物為準則來作決策。你會犯下許多過錯，人人都是這樣，但你會越來越能夠清楚界定你心目中最重要的事物為何，沒有什麼比這點更有價值。

信任自己的直覺

直覺是智力的一種，跟理性截然不同。直覺會突然來到，要求我們依其採取行動。但除非我們先跟潛意識建立關係，否則就無法充分利用直覺。而要連上潛意識，有兩大關鍵：一，**仰賴你的心象，而非文字**；二，**把睡眠時間當成獲得靈性資訊的門戶**。

面臨決策時，請試試以下方法：入睡前，挑選與這決策有關的一種可行做法，想像自己往那個方向邁進以後，會發生什麼事。然後換成相反的做法，再次想像自己可能會看到什麼樣的畫面。接著把腦袋放空，然後入睡。醒來後，注意一下，你也許會出現強烈的直覺，想要往其中一個方向邁進。若是重大的決策，也許需要重複運用這個技巧很多次。眾所皆知，政治家富蘭克林．羅斯福（Franklin Delano Roosevelt）做決策前都要小睡一下，向那些超越意識心靈的力量求助。採用這種不合乎邏輯的技巧，乍看之下也許奇怪。然而，多多觀察自己的決策和別人的決策，你就會明白，就我們最終採取的行動來說，邏輯扮演的角色微不足道。要是害怕依直覺行事，你就會脫離直覺。無能為力之下，你會變得跟哈姆雷特一樣，把自己的人生轉變成悲劇一場。

「成功」在於創新時感受到的活力

09

費茲傑羅[6]說：「我來跟你說說大富豪的事吧，他們跟你我之間，天差地遠。」大富豪以灣流噴射機代步，住寬敞的豪宅，每個物質需求都有一群人員負責打理。大富豪的世界似乎自有一套規則，不受主宰他人生活的那些勢力影響。但是，我開始每天為超級富豪做治療後，才發現費茲傑羅大錯特錯。雖然金錢確實讓富豪們免於人生中大多數的生理不適（當然疾病除外），但在情緒上和靈性上，富豪跟我們其他人一樣，也面對著同樣的困難與陷阱。然而，我們想要相信富豪跟我們不同，因為這樣一來，我們才會對「金錢具有魔力」的說法更加深信不疑。

如果金錢真的是人類成就的最終結果，那麼富豪最好是有所不同，不然，整體社會發狂似地執著於財富，到底有什麼意義？

6 美國小說作家，著有《大亨小傳》。

光是貪婪二字，還無法解釋這般的執念。我們自以為的現實，影響著我們的感受和行動。我們的文化每天都告訴我們，金錢是現實的最終結果，是宇宙的最終價值，這種想法聽來荒唐，其實不然。金錢確實有一項特質跟宇宙的基本特性一致——每出現一筆金融交易，商品和服務就會易手，有變動、有流動。把這個流動想成是驅動一切的動力吧。宇宙的核心很活躍，會不停創造新東西，渴望這個終極現實是人之常情。不過，金錢已成為這股動力的替代品，導致我們誤解了成功的意義。若把金錢當作成功的榜樣，我們的社會就會垮掉。

最真實的成功榜樣就在我們的眼前：宇宙本身就是非凡的成就，為什麼？因為在川流不息的數萬年間，宇宙創造了無窮的生命。我們每個人都有如微小的宇宙模型，內心都同樣有著不停創造的需求。唯有在創造活動中，我們才能感受到真正的成功、感受到真正活著。再多的金錢也無法取宇宙本身就是非凡的成就。

代這種感受。

我在治療某位男性時學到這個教誨，他跟一位年輕合夥人從事公司的買賣，累積的個人財富超過十億美元。合夥關係結束後，我的患者變得極為憂鬱，他沒有信心再開創新的事業。我還記得他說的話：「如果我無法再創造新的財富，那就表示我不再是成功的人。」這句話透露出貪婪和精神官能症的跡象，卻也蘊含深奧的真理。我們所有人需要的，不過是能夠在人生中創造新鮮感；我們需要天天感受到自己的流動狀態。可惜的是，這位男性只覺得新的財富才有新鮮感，而這個弱點差點把他給毀了。

真正的成功，是你在創造新事物時感受到活力，跟外在的結果沒有關係。若你在宇宙中所處的空間，能讓你與心流連結起來，成功就會到來。只要懂得如何找到這個成功宇宙，就會感覺未來充滿無限的可能性。

成功宇宙的反面是失敗宇宙，失敗宇宙是受限的世界，不再創造新事物。在失敗宇宙，你會覺得負擔沉重，深受其害，無法預見正面的未來。你的一天是成功還是失敗，就看你選擇居住在哪個世界，整體局勢會為之丕變。只要能設法進入成功宇宙並待在裡頭，就能活出美好的人生。

成功宇宙並不是一種概念上的虛構。進入這個心流世界以後，你的感受將截然不同。

要如何進入這種創造狀態？仿效宇宙及其創造循環的模型，遵循偉大的演化循環。基因變異相當於人類想做出改變的本能。宇宙是以創造新的有機體為其行動形式，接著就看新型態的有機體活不活得下來了。人類本身正是這個循環帶來的莫大成就。而這個循環永不休止，每個結果都會引發新的本能，由此再度展開循環，本能、行動、結果、本能、行動、結果——宇宙永不停歇。真正的成功人士會勇於一而再、再而三經歷這個循環，但大部分的人都不願意這樣做，他們總會從循環當中逃出來，離開成功宇宙及其眾多可能性，所以容易覺得自己很失敗。請仿效這個創造行動循環，將其應用於自己的人生，方式如下所述。

傾聽自己的直覺

如前所述，直覺是智力的一種，透過行動而非文字表達。直覺不像念頭那樣清晰，其「正確性」無法用邏輯說明。直覺越是與你的本貌相連，就越有可能是正確的。由於我們多半不習慣倚賴直覺，所以並不信任它。只有一種方法可以讓我們清楚掌握自己的直覺，也就是多鍛鍊。如果你覺得自己能寫電影劇本，卻從來沒寫過，那就必須喚起創造行動的循環，才會知道自己能不能寫。

也就是說，你要去寫，並承擔結果。當然，每個人都會擔心失敗，因為失敗會證明自己的直覺「出錯」。然而奧妙之處在於，你的直覺有沒有出錯並不重要。唯一重要的是要去訓練自己反覆依直覺行事。每當你依循直覺，就會激發神奇的創造力，就算結果不如人意，你對直覺的信心還是會提高，有了那份信心，就算是成功。

採取行動

直覺智力不同於推理智力，要等到你付諸行動，直覺的價值才會顯現出來。多數的人對於採取行動都感覺困難重重。我們消極等待，希望日後心境上會變得更有動力、更不害怕。這反映出對成功的徹底誤解。不管我們的感受如何，都要採取行動。為什麼？因為採取行動不是為了獲勝，也不是為了達到某個特定的結果。

採取行動，是因為行動本身就會促使我們的狀態改變。當直覺浮上心頭，你必須訓練自己立刻依直覺採取行動，這樣就會激發循環，讓你接觸到宇宙的創造力。在你採取行動的當下，創造力就會促使你的狀態改變。不管最後是得是失，都無關緊要。

接受結果

大部分人都誤解了「行動」所扮演的角色，也誤解了「結果」的意義。結果不一定會是好的，你寫的第一部劇本不受歡迎、新創的公司破產，你自然會把負面結果歸咎在自己身上，覺得自己很失敗。但是，從另一個角度來看，唯有你脫離創造的循環，才算是失敗的。只要對這個循環努力付出過，負面結果的出現，只是表示需要修正。

記住：不管你是創造什麼，你都不孤單，每一件新事物，都是你跟宇宙的生命力共同造就而成。需要修正，表示你處理高階原力的時候用錯了方法。也許你最後會發覺自己是小說家，不是電影編劇；也許你需要開創的是另一種事業。人跟高階原力的共同創造，是一種深奧的活動，很少人第一次就能做好，甚至做一百遍也可能做不好。只要接受這點，就算是碰到最負面的結果，你也會開始感受到當中蘊含著神聖的智慧。這時就沒有什麼可以阻擋你了，往後的人生，你都有能力創造每一天。

而那種感覺勝過擁有全世界的財富。

10

完美的「伴侶」並不存在

我們文化的特色就是人人無止境地追求更好的對待。我們認為，獲得更大的房屋、更快的汽車、更有聲望的工作，是神授的權利。在盲目的驅力下，我們不斷向外尋求，害怕錯過某樣事物，瘋狂安排一堆活動，最後落得情緒疲憊、心靈空虛。

在這樣的追逐過程中，受害最大的莫過於親密關係。想要更好的車是一回事，想要更完美的妻子或丈夫，則是另一回事。這股驅力既貪婪又愛批判，我們卻把它帶到一處不屬於它的地方——愛的領域。

我的一位患者就是個極端的例子，他是三十幾歲的演員，婚姻美滿，有兩個小孩，多年來在事業上不上不下。突然間，他拿到了某部電影的主角角色，電影也暢銷賣座。他一夜之間成了大明星，但他在情緒上還沒準備好應對這件事。理所當然地，他立刻換了更貴、更好的住所，買了新穎的玩意。但是，他仍不滿足，他開始跟我說：「我想要換更好的妻子。」聽來奇怪，他竟然覺得自己獲得成功，就表示有權在婚姻裡得到更多，而他想在事業下滑、這個短暫良機消逝前，趕緊努力得到。

最令我訝異的是，他還幻想了新妻子該有的樣貌——必須有錢有名，魅力十足，生活豪奢。但他也承認，現任妻子很漂亮，很愛他，她本人也相當有創造力。只是跟他幻想中的伴侶相比，妻子的這些特質都相形見絀。他在自身的新地位所能遇見的知名女演員中，尋覓著理想伴侶。每位女演員從遠處看都很優秀，但他也發現了某些缺點，讓他覺得對方不理想。在他的獵豔期間，妻子提出離婚的要求，不到幾個月，他就苦苦哀求妻子回頭。妻子確實回到了他身邊，這時候，他才開始體會到何謂成熟的關係。

這個男人追逐著幻影，差點毀掉了自己的婚姻。他尋找的具體特質是什麼並不重要。他真正在尋找的對象，是那種具有某種魔力、可以改變現實本質的女人。現實充滿令人痛苦的不確定性，還常給我們許多難題和要求。現實需要我們付出努力。消費文化不斷讓我們相信自己購買的產品有多麼神奇，那麼何不乾脆去取得真正的魔力，追求讓我們脫離現實本身的人呢？這種人可以帶領我們進入另一個宇宙，在那裡，我們總是感覺美好，生活輕鬆。問題在於，沒有哪個人（不管他魅力多大）具備這種力量。我們唯一能做的，只是把這種能力投射到另一個有缺陷的人類身上。可是，一旦我們花時間跟對方相處，最後總會以失望收場。對方的魔力好像也沒有比我們更強。怎麼會發生這種事呢？

想像一台電影放映機，螢幕跟放映機之間，必須相隔一段距離，如果兩者離太近，影像就不會出現。人跟人之間也是同樣的道理，唯有相隔一段距離，你才能夠把神奇的特質投射到對方身上。隨著你逐漸認識對方，情感距離消失，完美形象也會隨之消失。你看見對方的真實樣貌，大失所望。於是，你再度把幻想投射到另一個人的身上，越遙不可及越好，比如已婚人士，或對你沒興趣的人、你未曾謀面的人，這樣就能保持距離，繼續保有夢想。

最後，大部分的人才會意會到，這種超高水準的完美伴侶並不存在。到那個時候，人們才更願意跟現在的伴侶一起努力，並理解何謂愛的真實樣貌。簡單來說，愛是一個過程。所有的過程都需要無止境的努力，因為完美是永遠達不到的。這個事實並不令人開心，卻是邁向幸福的第一步。你可以像努力練習彈鋼琴或照料花園那樣，從現有的關係中找到滿足感。

這就需要一些激勵——你需要覺得這樣的努力對你確實有好處，並相信自己成功的機會頗高（其實，付出努力本身就等於是成功），不然你就會放棄這個過程——回頭向外尋找那個只有遠處的陌生人能帶來的神奇快感了。以下列出幾個可以努力的方向和幾種有效的工具：

現實充滿變數，
既痛苦又滿是苛求。

① 控制幻想

幻想擁有更美好的伴侶是人之常情。我們總是對自己說，純粹的幻想是自由又無害的樂事，通常是這樣子沒錯，但超過限度的話，幻想就會妨礙到兩人的關係了。如果你的幻想漫長又複雜，如果你用幻想來緩解對另一半的不滿，如果你的幻想跟現實毫無關聯，那表示你的幻想已經失控。

幻想是由影像構成，帶有大量的情緒能量（所以我們才那麼喜愛看電影）。當你把越多的能量投注在那虛幻的非伴侶和幻想人生上，可以給真實另一半和真實人生的能量就越少。

你花了多少時間在幻想呢？請誠實面對。如果你在這方面已經失控（這種情況很常見），那就必須培養意志力，打斷腦海裡的每個幻想，包含性幻想在內（性幻想是最強烈的幻想）。剛開始你會遲遲不肯斷念，但是每當你腳踏實地，就是在對自己說，你已經是堅定的大人，強大得可以面對現實了。這樣一來，你就會對自己更滿意；先要對自己感到滿意，才會對另一半感到滿意。

②判斷

幻想具有強大的力量，要接受這點已經夠難了。更難接受的是，我們的判斷也具有強大的力量。當你想著某個無法企及的人，就很容易會對那個人的聰明才智、個性、性能力等充滿正面想法，但其實，這些想法不過是基於情緒而做出的判斷，而這類判斷最後通常是錯誤的。即使是對另一半，我們的反應多半跟客觀的真相沒什麼關係，反而跟我們對另一半的想法比較有關係。

要承認自己的判斷絕大部分是主觀的，而非本來就「正確無誤」，對自我來說是一種侮辱。不過，只要承認這一點，你就可以自由選擇要以哪些想法來改善關係。

首先，你必須控制自己對另一半負面判斷。相處時間越久，對方的缺陷就會越明顯，我們的負面念頭往往也會越來越多，我們會異常執著於對方的弱點。然而，我們做出的負面判斷並不正確，那是我們對另一半的不完美感到失望之餘，才做出的負面判斷。

在愛的過程中，你必須察覺自己腦海中浮現的負面念頭，將之去除，並用正面念頭取而代之。你必須主動想起另一半的好，這些念頭會讓你再度覺得另一半有吸引力。這些努力是有回報的，你不僅會對另一半感到更滿意，這個全新的心理自我控制機制也具有某種內在的力量，讓你在往後的人生中變得更有信心，情緒更穩定。

③ 正向的情緒表達

我們一廂情願地相信，自己對另一半表達的情緒，都是基於對他的真實感受。但其實，我們表達的情緒也會影響我們對另一半的感受。

試試看這麼做：當你跟另一半在一起時，尤其只有你們兩個人的時候，請用渴望的態度，跟對方聊天並觸碰他。試著拿出比真實感受更多的熱情。持續一個星期，我保證你在另一半眼裡絕對會魅力大增。

只要見證經常表達正面情緒的成效，你就會認同在愛的過程中，這確實是一大環節。另一半體會到你付出的努力後，自然也會跟著付出努力。你們不僅能使感情增溫，還能學會透過表達自我情緒的力量來啟發他人。

所謂的愛，必須要有紀律地付出大量努力，偏偏我們的文化並未教我們瞭解這點。可是，不管你喜不喜歡，這就是愛的真實樣貌。一旦你實際付出努力，就會感受到兩人關係的進展，並且對未來抱有期望。最後，你會看見自己的感情關係出現一個更高的目標。愛需要無止境的努力，而這就是你接受並實踐這點的機會。沒有哪個導師比愛的付出更偉大。

11

找到獨立「自我」，成為真正的大人

我從小在紐約街頭長大，那時經常害怕被揍，只要挨了一記拳頭，那刺痛感就疼得我眼淚直流，之後我就變得很擅長迴避任何可能的肢體衝突。幾年後，我去學武術，訓練時不得不與同學對打。讓我訝異的是，我竟然能夠頂住對方的一記重擊，絲毫不覺得怎樣。之前別人怒氣沖沖揍我的那一拳對我造成的傷害，遠遠大於空手道同學在課堂上對我使的摔技，這是為什麼呢？

因為打架時挨揍，會帶來情緒上的痛苦，但練習的對打不會。前者的痛苦讓我震驚地領悟到：對方是真的想要傷害我。最極端的例子是首次上戰場的士兵，面對迎面飛來的子彈，士兵們的第一個反應是驚嚇多於恐懼。他們不敢相信，竟然有人想要殺掉自己。

戰爭，甚至是赤手空拳的打架，都是極端的人類衝突。我們對這兩者的反應，流露出多數人共有的幻覺，因而大幅限制了我們活出豐富人生的能力。

我們一心認為，衝突是可以避免的，不僅可以迴避激烈的身體衝突，一般的言語和情緒攻擊也可以避免。我們明明親眼見到身邊有那麼多衝突，怎麼還存有這樣的幻想？我們可以接受別人會被攻擊這件事，但在內心深處，我們每個人都深信自己的良善足以保護自己。所以，別人攻擊我們的時候，我們嚇到了。我們對自己說：「我是好人，怎麼會有人想傷害我？」這是小孩子的反應，不是大人的反應。小孩子都希望家長和旁人永遠寵愛自己。只要覺得自己被愛，他們就相信自己待在安全無敵意的宇宙裡。而**長大成人正是一個離開受保護的世界、進入現實的過程**，你會被別人攻擊，而且往往很冤枉。

人所經歷到最痛苦的攻擊，就是遭到誤解，甚至厭惡。我們內在的小孩想要獲得認可和被喜愛，但這類經驗給我們的恰恰相反。你請鄰居半夜把音響音量關小，對方卻罵你是個多管閒事的渾蛋；你起身發言，卻有人故意大聲打斷你；你在開會時提出新想法，上司卻粗魯地羞辱你。遭到厭惡和誤解，代表有人不喜歡你，而且對方從根本就曲解了你這個人，世人看不到你的用意良善。我們的內在小孩認同自身的良善，所以會覺得自己的人格遭到詆毀。

我們正走向沒人願意明確表明立場的社會，社群媒體導致大眾更害怕被人厭惡及誤解，因為反彈的速度比過往還快，於是領導者過度渴望獲得選民的認可，乃至於害怕表明立場。領導者利用民調，說出我們想聽的話，這樣的人其實不夠格當領導者。媒體也會帶動風向，既能毀掉有罪者，也能毀掉無辜者。

我們每個人都必須學習在自己的人生中表明立場。要做到這點，就要拿出自信忍受他人的厭惡和誤解，畢竟這是難免的。人們大多很在意他人的攻擊，一心認為這「不公平」，但這只會加深痛苦。

我們反而應該從痛苦中找出更重大的意義，學著把厭惡和誤解看成是一個良機，藉此發覺自己真正的個體性。要求贊同的內在小孩，並不是真實的自我。唯有你的內在小孩沒有得到渴望的寵愛，你才能發覺自己擁有更深的另一面，不再以別人心目中的形象活著。沒有衝突，人就不會發現內心更深的一面。厭惡和誤解的經驗會粉碎自我，讓我們發現自己的真實樣貌。

唯有找到這個獨立的自己，你才會成為真正的大人。我們的文化把生理的成年跟真正的靈性成年混為一談。古人比現代人更瞭解兩者的差異，部落會舉辦成年儀式，鼓勵青少年放下幼兒般的安全需求，進入成年期，培養成人的力量。成人要等到六十歲才能進入部落議會，因為當時的人認為，唯有活到這個年歲，才能擺脫那種需要外界認可的不成熟需求。長者之所以受人敬重，正是因為長者比較脫離俗世，從而擁有真我的智慧。

現代人則是被人生本身，尤其是厭惡和誤解的經歷，給推進成年期。

遭到攻擊，不代表你做錯事，反倒是你進入靈性成年期的考驗。在我的患者當中，有一位商人就是現代人進入靈性成年的範例。四十歲的他表現傑出、充滿抱負，開發出了創新的高科技產品。但產品上市後，另一間公司卻控訴他剽竊創意，因而提告，導致他惡名遠播。但是該項控訴並不公允，加上他對自己的獨創性和誠信也引以自豪，因此他的自我就此垮掉。他遭到公然羞辱，退出商界兩年，事業岌岌可危。

但他發現，其實不靠先前的名聲和地位，他也可以繼續過活。一年後，他推出另一項獨特產品，賺到的金錢和認可，遠遠超乎了他最瘋狂的想像。他開了一家大公司，業界公認他是個公平又明智的領導者。他認為自己很幸運，一開始就經歷了厭惡和誤解，姑且不論那有多痛苦，要是沒有這段歷練，他一定會因為成功而心高氣傲，變成不成熟的領導者，最後變成不快樂的人。他妥善運用自己獲得的新力量，因為他很清楚，他隨時可以安然離開。

對多數人來說，日常生活的一連串小小的厭惡和誤解，就是讓我們長大成人的契機。我有位患者是個年輕母親，當時正養育第一個孩子，一個開朗又任性的五歲女孩。這位母親極度沒有安全感，非常需要女兒時時表達崇拜和贊同。母親立了一些規矩，但只要女兒說一句「妳不愛我」，母親就打從心底承受不了。結果角色反轉，母親害怕對女兒設下任何限制，尤其是就寢時間。而女兒越是感覺自己能為所欲為，就越是無法無天。後來是這位母親終於體悟到，她有責任忍受女兒的厭惡和誤解，她才拿回家長的角色。在這之前，這個孩子就像是沒有媽媽一樣。

在今日，這個問題十分普遍，每位家長應該支持彼此以不受孩子歡迎的立場來處理事情。沒做到這點，家庭就會失序。沒有被人說過「不」的孩子，長大以後就無法容忍別人反對他，在靈性上永遠無法長大成人。

一旦你訓練自己發掘隱藏在厭惡和誤解裡的機會，就能獲得真正的獨立。不管主流觀點是什麼，你會有能力組織自己的意見，表達內心的想法，就算受到攻擊，也能夠堅持立場。有了這股新力量，你的領袖氣質將渾然天成。

這就是靈性上的成熟。與其得到全世界的寵愛，不如邁向靈性成熟，更能帶給你人生的滿足感。

回歸「信念」，成為真實的個體

12

幾十年前的某天，我一如往常走去乾洗店。走在街上的時候，我遇見一列很長的隊伍，排隊的人形形色色，有老有少。人群前進的速度慢如蝸牛，但沒有一個人抱怨。

我看見隊伍前頭蜿蜒穿越燈光和相機，進入一棟辦公大樓。這裡是洛杉磯，我猜應該是有電影在拍攝，大家可能是在看有沒有機會被選為臨時演員，不然誰有耐心在這麼猛烈的夏末陽光下排隊？

後來，等我走近大樓入口，才看見男男女女彎腰放下花束，花束堆積如山，那是我這輩子見過最大的花束堆。到處都是媒體記者，我問其中一人怎麼回事，她像看瘋子般看著我，接著嚴肅地回答：「這裡是英國領事館。」這時我才明白，眼前的街頭儀式跟前一週的黛安娜王妃之死有關。群眾意味深長的莊嚴表情，突然間變得合情合理。在三十八度的高溫下，哀悼者等待著機會，參與一個比日常生活的普通經驗更重大、更有意義的事件。對他們來說，那是靈性的經驗。

黛安娜王妃生前確實運用了自身名望，呼籲大眾關注許多重要議題。但是，為何在一般美國人眼裡，她也具有如此超然的重要性？這樣問並不會貶低她什麼，畢竟不管在私人層面，甚至國家層面，美國人都跟她毫無關係。不過在某種程度上，他們每個人的深刻嚮往，都在她身上找到了回應。他們就跟我們一樣，渴望跟某種高階原力有所連結，而就如同我們社會中的其他人，他們是向外在世界尋求這股高階原力。黛安娜充滿青春、地位、魅力的表面特質，成為他們投射這點時顯而易見的選擇。

這件事呈現的悲劇性，比她的早逝還要令人唏噓。若把外在世界的人和物當成自己最終的意義源頭，那無異於辜負自己。我們面臨的重大挑戰，是必須在內心體驗更崇高的事物，無論你要稱之為「神」、「心流」，還是「高階原力」，都無關緊要。

重要的是，你要付出努力，從內心找出這股力量，唯有這樣，才會找到自己真實的獨立個體性。

多數人很難下定決心跳進內在世界，我們缺乏信念。信念是一股力量，無論外在環境如何，都能帶來和諧，使你心無疑慮。長期來說，沒有信念，人生會變得難以忍受。這種缺少信念的情況，在假日時最為明顯，所以對很多人來說，年底這段時間尤其空虛，泛濫的禮物和派對都在嘲笑著這個內在的虛空。

不過，當日常事件的規律被假日給打斷時，也是我們有自覺地下定決心培養信念的機會。而你確實可以像在健身房鍛鍊肌肉那樣，有條不紊地培養信念感。不過，要做到這樣，你必須放棄對外在世界的執念。

所謂的信念，就是堅定相信人生具有更重大的意義，而這意義是外在事件無法證明的。我們現代人的腦袋對這點很抗拒。我們之所以相信某些事物，是因為我們握有證據，可以「證明」那些事物真實無假。但是，這種想法在科學上行得通，在人的事情上卻行不通。過去的一百年是科學的世紀，但大屠殺和苦難的規模，在人類史上卻是前所未見。要求人提出證據來證明信念議題，就好比拿螺絲起子來敲釘子，方法不對。想想科學家的做法吧，科學家的基本態度就是，除非有證據可以證明，否則什麼也不相信。唯有提出外在證據，科學家才會認同某個資訊真實無假。因此，科學家一開始總是站在懷疑的立場。

你可以說，科學家是在懷疑的系統下運作。而我們卻誤把這種科學態度應用在靈性議題上，要求以證據證明高階原力的存在。這麼做反而激發了我們自己的懷疑系統，使我們置身於信念無法成形的內在狀態，導致我們周遭出現大量的精神官能症和不安。

人類因此陷入困境，因為人生中的重要事物是無從證明的。信念正是因為不需要證據證明，所以才具備如此強大的力量。例如，你無法證明你愛爸媽，可是你知道你愛，這件事跟邏輯或智慧毫無關係。信念也是另一種知識，可以稱之為活知識，因為唯有你的內心體驗到信念，它才存在。這不是學過就永誌不忘的那種知識。

活知識好比生物，需要人不斷付出努力，才能讓它繼續活著。為了內心的平靜，為了信念帶來的信心，你必須學習實踐信念，過著實踐信念的人生，你的靈性器官——高我——才會形成。高我能體驗到比我們自己強大許多的力量，而且不帶一絲疑慮。不過，高我有如樂器：不常練習，就會失去用處。日常生活會帶來後述三個機會，讓我們累積這種活知識。

①放棄立即的滿足感

我們很難抗拒多吃一片蛋糕或再喝一杯酒，原因之一是我們無法將眼前的情境連結到任何更宏大的事物。你不想變胖，但是面對眼前的享受，減重的動力往往顯得薄弱。要有效激勵自己放棄快感，只有一個方法，那就是去感覺只要自己做到放棄，就能累積內在的高階原力，就好像你在那個當下，把錢幣存進了靈性撲滿。經常這樣做的話，你存下的錢幣就會累積成一股靈性力量。你會開始覺得自己能夠掌控自己，還能掌握周遭的實體世界。你會明白，放棄立即的滿足感是一種得，而不是失。

這種自律奠基於「萬物相連」的概念。我們採取的每一個行動，我們置身的每一種情境，都是整體的一個環節。抗拒你想對配偶大吼的衝動、控制食慾、不要輸給懶散，這些事全都有關聯。只要多加練習，就會感受到連結的存在。只要意識到每一件事環環相扣，你對周遭世界抱持的觀點就會隨之改變，人生不再是一連串混亂又互不相關的事件。

②信任過程

人生中的重要事物，唯有化成過程的一部分，你才能獲得。創業、寫書、珍惜另一半……要達成這些事，全都需要實踐無以計數的小步驟。我們之所以難以參與過程，是因為在跨出步伐的那個當下，我們無法確定結果會成功。總會有那麼一刻，我們對於自己必須付出努力感到憤恨不已，想要放棄。

說來矛盾，這些黑暗的時刻反而是培養信念的機會。如果外在世界不能保證給你任何東西，導致你情緒低落，而這時你卻有意志力推動自己向前，這表示你仰賴的是高階內在原力，這就是所謂的信念。就像我說過的，高我不在意結果，高我必須參與永不休止的過程，才得以存在。

③找出事件蘊含的意義

精神科醫師維克多・弗蘭克被拘禁在奧斯威辛集中營擔任醫師期間，針對哪些囚犯存活、哪些囚犯死亡，進行了仔細的研究。他最後做出結論：「信念」這股力量能給予倖存者氣力，使他撐過難以想像的困境。

他發現，信念堅定的囚犯，就算面對最嚴酷的生死事件，也能找到當中的意義。他認為，意義是未來對個人提出的獨特要求。在這種觀點下，人生中的每個事件，無論有多困難，都是對你提出的具體個人要求，要求你藉此培養某些力量。

這確實需要付出大量的努力，但只要把它看成是你要擔起的靈性責任，並在事件中找出更重大的意義，你自然會產生更堅定的信念。

上述練習確實可以增進信念，我無法用外在證據來證明，但可以提出內在證據——你身而為人會有所改變，並且感到更有活力。

13

讓幸福更長久的「情感關係」

在莎士比亞的劇作中，《羅密歐與茱麗葉》堪稱是最抒情浪漫的作品，但美好的背後隱藏著警訊——純粹浪漫的感情模式，往往會以悲劇告終。我們都曾經在熱情下選擇另一半，最後卻眼睜睜看著激情消退，什麼也沒留下。

在全球各個國家，美國文化最是天真浪漫，我們以為愛能克服一切，若是能跟俊男美女結婚的話，愛就更天下無敵了。不過，我們的高離婚率證明了光靠強烈的情感挑選伴侶是不夠的。浪漫和熱情，是毫無理性又無從預測的力量，所以在判斷新對象是否合適或現階段感情關係的價值時，不應把它們列為標準。正是因為感情關係跟情感有關，我們才需要用冷靜客觀的方式做評估。

如果不管另一半是誰，對於每段感情關係要怎麼發展，你心裡自有一把尺，那你就知道該期待些什麼。在這個雛型的幫助下，你會看見自己在關係中有哪個問題需要處理，就算碰到不適合的人，也會很清楚，自己該離開了。

在你能辨識何為健全的關係以前，你必須先瞭解不良關係的本質，前文已經提過，這裡再重述一遍。有一股像是磁鐵的無形力量，牽引著我們去親近那些對我們沒好處的人。簡單來說，這股力量就是對魔力的信仰。我們想在另一個人身上發現能改變我們人生本質的超人能力。不過，他人無法讓我們迴避人生充滿不確定性、人生經常是痛苦的現實，最重要的是，人生是一段需要付出努力，無止境的過程。

儘管如此，人性就是會緊抓著幻覺不放，以為自己能活在另一個現實裡，過著輕鬆的人生。我們希望另一半神奇地帶領我們前往另一個世界。我們將那股熱力投射在另一半身上，因為那就是我們想看到的。我們在自己的幻想裡變得盲目，很容易就跟不適合的人牽扯在一起，最終幻想必然破滅，什麼也沒改變。然而，不切實際的希望永不停歇，我們試圖再度恢復最初的興奮感，期盼情況回到一開始那樣。

所謂離開，不只意味著單獨一人，更打碎了「免除人生難關」的夢想。但我們待在原地太久，早已動彈不得。唯有領悟到他人無法讓你免除人生的痛苦和辛勞，你才會停止在感情關係中尋找那種魔力。到了那個時候，由不成熟的人們構成的全體宇宙，對你就再也沒有吸引力了。

良好的感情關係奠基於高階連結。無論合適的另一半具備多少優秀特質，那種連結都不會自動隨著對方而來。高階連結是一種大過於感情雙方的獨立實體，能讓彼此的連結變得神聖。任何的其他因素——不管是事業需求、另一個人，甚至雙方之一的心情——都不能破壞這樣的承諾。

高階連結是每天都必須照料的生物，當你不再對高階連結付出心力的那一刻，它就會開始瓦解。不過，努力讓高階連結持續活躍是值得的。就算置身於最黑暗的情況，只要雙方認為連結的重要性高過自己的當下需求和不安感，那麼由此創造出來的東西就會帶來能量和啟發。

高階連結的強度高低，端看你願意付出多少心力而定。在某種程度上，可以說高階連結是靠心力造就而成。不成熟的感情關係恰好相反，是「對魔力的企盼」所造成的，這是一段關係中最薄弱的成分。高階連結並未排除浪漫與熱情，而是超越了浪漫與熱情。

只要讓高階連結成為感情關係的基礎，你就有了實際可行的雛型，可用來評估另一半或潛在的另一半。你必須許下承諾，跟另一半一起對高階連結付出心力，繼之而來的關鍵問題，就變成「對方會不會跟我一起努力創造這個連結」。如果答案是否定的，那就算對方讓你的心怦怦跳得飛快，也不重要，因為你倆不會有好結果。

要建立高階連結，另一半必須具備三個基本特質：**主動**、**犧牲**、**同理**

心，不需要三項特質都拿A（你也不用），但必須在這三個領域持之以恆地付出心力。一旦你學會專注在這三項特質上，你就有了一組客觀又不變的決定因素，可用來判斷配偶或情人，再也不會被情感蒙蔽雙眼。

①主動

消極的人無法對建構高階連結有所貢獻。在感情關係中，雙方都有責任持續主動接觸對方，比如另一半還沒開口要求，就自動自發地幫忙；每天都主動跟另一半溝通；規劃兩人一起從事的活動等。大致來說，另一半主動時，你會感受到他的能量流向你。如果你沒開口要求，對方就不知道付出，那表示他不夠主動。依附型的人格會欺騙自己說，單靠他對另一半付出情感，雙方的連結就能存在。這是不可能的，連結必須是雙向的。

同樣的，我有些患者會對自己說，他們正在跟對方交往，但對方明明很少打電話來，也從不主動安排兩人的事。這只是浪費時間罷了。相反的，如果另一半即使疲累或忙於自身事務，還是願意付出心力跟你有所連結，這表示他是很好的伴侶。這樣的付出是奠基於善意和成熟，所以可以長久維持。

②犧牲

要建立高階連結，就要犧牲自己的個人樂趣和目的，至少要有一定程度的犧牲。不成熟的人會希望談感情時什麼也不用放棄。他們活在不真實的世界裡，所以會假裝不用付出，也能享有感情的好處。

高階連結是一種靈性力量，而靈性力量的累積，靠的就是犧牲某種低層次的欲求。對於能感受到靈性力量的人來說，高階連結會自然啟發他們做出犧牲。好的另一半會領悟到，為了感情而放棄某件事（以我多年的執業經驗，放棄看球賽就很有代表性），能在那個當下強化高階連結。他們會看見當中的價值所在，毫不抱怨地迅速做出犧牲，另一半若是不具備犧牲的能力，就要當心了。

③同理心

同理心的意思是另一半能敏感察覺到你的情緒。大部分的情況下，另一半應該要能體會到你的感受。不是說他要懂得讀心術或每天緊盯著你的情緒，但要是你總是覺得另一半不瞭解你、不懂你現在的心情，尤其不知道你對他的感受，那就表示另一半的同理能力很差。根據我的經驗，女性的同理能力明顯勝過男性，但也不是不能期待男性磨練同理能力。

我就曾親眼目睹最粗魯又好強的男性在這方面有很大的進展，因為他們害怕自己再不去瞭解配偶，最後會失去她們。同理能力欠佳的配偶，常會在另一半抱怨時指責對方要求太多。這不是藉口，要是沒有深刻的同理心連結、沒有每天努力付出心力，就不可能建立高階連結。

感情關係能使人類感受到深厚無比的情感，因此評斷另一半時，我們往往會被情感曲解。建立雛型的好處，在於不管你做出什麼決策，你都很清楚自己何以做出此決定。

如果你決定留在一段關係裡，該雛型能給你一個努力的方向；如果你決定離開，離開時也會少去很多疑慮。不管你做出什麼選擇，只要運用上述三個決定因素，就更能看清另一半。這是你所能擁有的最佳保單，足以保障你將來的幸福。

14

培養真正的「內在權威」

小時候，我週末都會待在祖母家，她住在布朗克斯區，距離我們在曼哈頓的公寓只有幾公里遠。不過，布朗克斯區就像是另一個國度，建築物都破破爛爛，生滿霉斑。那裡的居民有著古怪的習慣，比如，他們會喝一種藍色玻璃瓶裝、附金屬瓶嘴的氣泡水，每個星期都會裝在木箱裡送來。那裡有不成文但強大的社群意識，鄰居們會打開窗戶，大聲叫喚彼此。

最讓我訝異的事，莫過於當我做錯事時，附近的大人會隨意責罵我。我曾經動手推過一個小孩，一個坐在摺疊木椅上的女人見狀，立刻捏住我的後頸，在大家面前高聲開罵。其他的大人紛紛以嚴厲的目光盯著我，沒有人質疑她的行為。這些女人在小孩面前輕鬆展現了權威。

這幅情景跟今日的世界形成對比，現在的大人不再去教訓別人的孩子，甚至連自己的孩子都不管教了。他們對於自己身為家長的權威毫無信心。而**家長的失職，導致孩子付出慘重代價，因為沒有權威的大人，給不**

了孩子他們需要的東西。光憑愛是不夠的，因為孩子的經驗和洞察力不足以應對周遭的世界，而家長的角色正是要積極設下限制，教導孩子自制。

沒有強大的內在權威感，就做不到這份引導孩子的工作。引導孩子時，與其說他是在傾聽你的教訓，不如說他是在感受你的權威。孩子決定聽你的話，不是因為你說得頭頭是道，而是因為他們以正面的方式感受到了你的權威。如果孩子沒意識到家長比自己更強大，那麼對他來說，身為家長的你就毫無用處。你沒有讓孩子做好應對現實的準備，由此看來，是你辜負了孩子。

設下嚴格的限制有一項優點，那就是可以避免孩子捲入與他們無關的事。有一次，我的某位患者打算問兩個孩子，若爸媽再生個弟弟妹妹，他們覺得好不好。我嚇到了，向他解釋說，孩子沒辦法做這麼重大的決定。更糟的是，就算只是問問，還是意味著孩子可以參與大人的世界，這種做法會有兩個負面影響：一、孩子享有太多權力，以後極有可能濫用這個權力來操控家長，導致家庭失和；二、孩子還沒成熟到可以應對大人的生活壓力，太多的權力加上太多的焦慮，對孩子來說，無疑是靈性的毒藥。大人的責任就是讓孩子待在孩子的世界，等到他們足夠強大時，才讓他們離開孩子的世界。不過，這需要權威才能做到。

為什麼現代家長無法擔起權威者的角色呢？

答案很矛盾，要行使身為大人的權威，首要條件就是在孩提時順從權威。如果你認為權威是一股你必須跟它建立關係的力量，依據你的年齡和情況，你可以循正確方式與它建立關係。小孩必須順從權威，大人必須行使權威，這才是正確的關係。如果大人在童年時期沒有適切建立起這樣的關係，那麼長大以後，對權威的感覺就會變得不健全，無法自在地展現自身的權威，要麼變得太過膽怯，要麼變得太過強硬。

一九六〇年代，很多人都抱持著「小孩懂得自制」的想法。孩子知道什麼時候該睡覺、什麼時候該吃、該看多久電視。結果是，那個世代的小孩沒有學會順從權威，多半也因此無法成為強大的家長。然而，六〇年代種種變動背後的衝動是正面的，而那股衝動源自人們對自由和個體性的莫大渴望。不過，那種「成為自由人」的渴望是以反叛為雛型，把反叛當成人生的組織原則，在一段時間後，會暴露出弱點。

唯有透過紀律和順從，才能獲得真正的個體性。不是順從某個人，而是順從更高形式的權威，也就是人生對我們提出的具體要求。如果你順從這種更高權威，就能變成權威者。要達到這種境界，你需要付出更多心力，而其中隱含的力量，他人也感受得到。

這種身為權威者的「我」不僅要求他人尊重，更能啟發他人。這種更高形式的「我」，是唯一真正的自由，不僅協助你成為稱職的家長，還能成為稱職的朋友、雇主、社區領導者。無論你度過怎樣的童年，都能透過下列的具體方式培養這個更高的內在權威：

人生中的前進動力

真正的權威必須發自你的真實樣貌。權威是假裝不來的，周遭的人會察覺到你人生經驗的深度，並據此尊重你。前進動力的觀點，意思是你持續在這世上追求新的體驗，並且更深刻地體驗自身。

這個連續不斷的動力，會讓你活力十足。年輕人會立刻感受到你有沒有這種廣闊的人生意識。如果你發現自己缺少靈性上的方向、對有創意的事物不感興趣、不參與社群、沒有深厚的關係，那表示你沒有往前邁進。

要讓自身培養出這種新能力，你需要紀律和順從，這兩大要素對孩子來說很重要。掌控個人習慣，並且履行日常生活的責任，能夠強化你的內在權威感。

忍受誤解

真正的權威者是獨立自主，不受他人想法影響的。就算你沒有外在的支持，就算你的用意根本遭到了誤解，只要你堅守自己的立場，就能培養出權威。想獲得旁人的認可和喜愛，這樣的幼稚需求人人都有。遭人誤解或厭惡的經驗雖然痛苦，卻也能迫使你在情緒上成為大人。

奉行更高價值觀

利用反叛來獲得個體性，會對社會造成負面影響，因為這種反叛往往缺乏更高的價值觀，無法使自己以外的人們獲益。華盛頓地區的特殊利益團體，很少提到他們的要求對社會裡其他人造成哪些影響。能找到更高價值並表達出來的人，自然會獲得權威。要在日常生活中做到這點，需要花費大量心力，尤其是對待孩子的時候。

也就是說，每當你出手糾正孩子的行為時，都要確定自己是奉行的價值，比如尊重、紀律、愛、慷慨等。少了某些價值，你的領導力就會失去依據，變得被動。對更高價值的承諾，必須真實無假；你必須以身作則。「我說什麼你就做什麼；別管我怎麼做」的態度，會立刻損及你的可信度。

追求個人自由背後的動力，不僅無法逆轉、也不應該逆轉。我們不可能回到二十年前的做法。這股動力不一定會損害年輕人對權威的尊重，也不一定會損及長者行使權威的意願。社會的未來有賴人人有自覺地培養內在權威，權威集中在少數人的時代已經結束了（舉例來說，今日網路上的醫學健康資訊已經影響了醫病關係）。**唯有人人都培養出自己的權威，才能打造出真正平等的社群**。

在這樣的社群中，若你不成為權威者，你就無法履行對他人的責任。

每個人都能帶來改變，人人都有責任創造出這樣的未來。而這一切都要從你自己做起。

一切都要從你自己做起。

15

年邁「長者」就是將來的你

我治療過一位陷入大麻煩的三十多歲男性。當時，他所屬的法律事務所正在處理某間電子公司的收購案。該筆交易仍處於機密階段，他卻透露給記者朋友。雖然當中沒有任何違法的交易情事，但是事務所發現他洩漏機密資訊，於是要求他辭職，如果他拒絕，就要請證券交易委員會展開正式調查。

我的患者是事務所的明日之星，他抽著粗雪茄，穿著昂貴的西裝，就像在模仿年輕人眼中權力人士的模樣。現在，他卻面臨著魔鬼般的選擇：辭職的話，他會失去辛苦得來的地位；如果他硬著頭皮面對訴訟，極有可能被判重罪。

這位男性的父親是個跟他一樣開朗又能言善道的人，同樣是早年從商就很成功。父親個性固執，聽不進任何建言，過度擴張事業，最後導致破產，欠下大筆債務。後來父親拋妻棄子，搬到佛州當起夜間警衛，過著非常拮据的日子。兒子痛恨父親離家，但是他最痛恨的，還是父親的失敗。

我的患者深陷於困境之中，憂鬱又無力。他意識到自己的人生和父親的人生有極多相似之處。我建議他去找父親聊聊，他跟父親已經多年沒有往來。通了電話以後，他隨即前往佛州，發現七十歲父親的住處只是一個小套房。父親曾是個傳奇巨人，如今卻卑微靜默如鼠。在兒子的眼裡，父親已經判若兩人。

兒子最訝異的一點是，父親馬上就瞭解了他的情況，力勸他趕緊辭職。多年後，這個決策背後的智慧顯現了出來。兒子躲掉了被撤銷律師資格的下場，也沒有留下刑事犯罪紀錄。當兒子東山再起時，他再也不用大力炫耀了。

這個案例是千中選一，十分難得，因為一般的情況通常是相反的。我們成年後多半是各過各的生活，很少會去請教父母的意見。事實上，只要是我們眼中的「長輩」，我們就很少去請教他們的意見、接受他們的指導，無價的自然資源就這樣浪費掉了。這就相當於銀行帳戶裡明明有錢，卻不願提款，只好眼睜睜看著事業以失敗收場。

這並不是說，父母都幫得了已成年的孩子，或他們比你更懂什麼。但**若是以為父母的人生經驗毫無價值，那就未免荒謬了**。更糟的是，這種想法在靈性上會帶來破壞性的影響。

加大世代分歧

在我們的文化中，每個世代為脫離上一代的影響，都歷經了千辛萬苦。你在青少年時期一定曾覺得父母什麼都不懂。你反抗你依賴的人，從而感受到「我」的存在。你的自我想要覺得你可以塑造自己的命運，想要感覺你「懂」得夠多，可以靠自己在人生中獲得成功，無需任何高階原力的協助。長大成人，就是打破這種態度的過程，因為你會碰到比你的意志力更強大的力量。

社會的靈性功能，就是在個人的自我失敗時提供智慧和支持。在這種時候，長輩有特殊的角色要扮演，而接受他們的智慧，就是與長者保持連結。社會要是否定長者，等於砍掉了自己的腦袋。

暗示人生的總和是零

在古代世界，在漫長人生中獲得的智慧，就是最無價的資產。而沒有深刻的人生經驗，就不可能獲得這種智慧，這就叫活智慧。

今日，我們崇拜的知性知識很抽象，幾乎什麼年齡都能精通。目前美國大部分的資產都是由經營共同基金的年輕經理人負責管理，他們受過專業訓練，但很少經歷過長期的金融危機，甚至從未經歷過。未來無法避免的危機來臨時，看看他們的反應如何，應該會很有意思。

還有一點的破壞力更強：我們渴望聆聽二十四歲運動員和名人的意見，因為我們把名氣看得比真正的智慧還重，這等於是放棄責任，真的很嚇人。人生有其自然的形態和節奏。這並不代表每一段人生都應該一模一樣，但是大致上，我們都會經歷同樣的階段。

人活著就會創造東西，古人對這點早就有所察覺。他們認為是神塑造了人漫長的人生過程，正如神塑造了樹木那樣。對古人來說，長者的人生經驗更完整、更有價值。現代人卻拋棄了這個觀點，讓長者承受反常的模式；等長者達到真正的智慧時，我們卻奪走了他的聲音。

導致年輕人懼老

在某種程度上，我們意識到自己終有一天會變老。我們也知道，這社會把年老跟羞恥聯想在一起，在這樣的觀點下，過去的每一天都是失敗，而不是福氣，導致我們以為必須在此時此刻就有所成就，而不是這一生有所成就就好。過動、競爭意識、嫉妒，這些常見的壞習慣變得更為嚴重。年近四十時，大家就開始厭惡自己變老。若不相信人生是活出神的旨意，就算享有再多的金錢名聲，我們也無法活得自在。

長者在社會中扮演著特殊角色，遠不止是因為他們的人生歷練；長者所處的境界，其實跟我們其他人截然不同。我們的肉身及其動力和渴望，在某種意義上會阻礙靈性經驗。這種情況在二十幾歲年輕人的身上最為明顯，他們對於肉體經驗近乎執著。這個年齡層的人，跟物質世界的關係密不可分，而且也應該如此。長者——就算是身體無恙的長者——卻完全相反，雖然他們仍舊生活在物理世界，卻不像年輕人那樣依附於塵世。

長者如同小孩，跟神更為親近。然而，長者跟小孩之間有個不同點：長者擁有能把智慧傳達給我們的能力與經驗。長者能夠以更高的觀點看待世事，判斷力也不會被自負和恐懼給蒙蔽。古人敬重長者，原因在此。

讓長者敞開心扉、吐露心聲，其實不難。要是誤以為長者可以給的少之又少，那你就大錯特錯了。然而，由於社會的態度使然，長者多半覺得自己沒有立場對成年孩子的人生指手畫腳。一定要有人來問，他們才會提出看法。長者的情緒，比年輕人以為的還脆弱，就連有錢的長者，也覺得自己越來越無足輕重。孩子在成長期間，家長看似具備了神一般的力量；但孩子長大以後，卻往往忘了如今父母反而會覺得無能為力，也怕自己做了什麼事，害孩子跟自己疏遠。哪怕是在三十年前非常強悍，甚至霸道的父母，如今也會感到無能為力、心生恐懼。

今日父母的基本狀態就是需要他人關心，孩子有責任去主動開啟對話。只要可以，父母很少會不願說出心裡話。所以**請年輕人多跟父母或長者溝通吧**，這必須是主動的過程，由年輕人主動建立連結。**你不但能獲得漫長人生累積的智慧，在付出心力的過程中，你的內在也會培養出靈性力量**，使你能做到以下各點。

你將修復自己的家庭關係。只要付出心力，你和父母之間的權力互動會出現明顯改變，你會明白父母很容易受成年孩子的影響。從父母那裡，你也能獲得當下此刻的你覺得有價值的事物。父母多年前曾犯下的過錯，你也比較容易原諒。

你對世代之間的和諧融洽將有所貢獻。你對長者付出的每一份心力，都有助於彌補使整個社會變得貧瘠的關係裂痕。青年與長者，本來就應該共存。

你會為自己創造出新的價值體系。年邁的父母就是將來的你，你現在對待父母的態度，流露出你對自身未來的感受，而我向你保證，你將來的感受會跟現在的長者一樣。重視父母的智慧，能讓你學會把時間的流逝看成宇宙的自然表現，而非令人恐懼或該否定的事。

唯有做到這樣，你的內心才能獲得平靜。

16

以自身的前行，為「孩子」照亮世界

家長都想把最好的留給孩子，要達成這個目標，最好的方法是什麼呢？這個問題很容易引發家長的焦慮感。這個世界彷彿是一列疾駛的火車，車上載滿了地位崇高的工作、社會接納、名氣、財富，萬一你的孩子錯過火車該怎麼辦？

恐慌感很早就浮現，家長拚命把小孩弄進名牌幼兒園、小學，以為這樣將來一定能進入最好的大學，這全是為了確保孩子能成為某種受惠階級的一分子。在幼兒園的面試上，你的聲音不由自主地透出緊張與懇求，這場面試將決定你兩歲孩子的命運。內在的聲音對你說，這世界瘋了吧，被這所幼兒園拒絕，真的會毀掉我孩子的人生嗎？

這股恐懼感來自某種幻覺，你誤以為外在的某件事物會保障孩子的將來，誤以為這件事物，不管是理想的朋友、理想的學校還是什麼，會讓小孩有能力喜歡自己、受他人尊重，並且遠離無從預測的人生事件（你過去無法避開的事件）。在這樣的幻覺下，你誤以為存在著一股魔力或引力，導致每個人彼此激烈競爭。你所做的一切，都是在從外界尋求終極價值。你置身於恐懼的世界，而那不是養育孩子的理想世界。

如果你完全相信這個幻覺，那麼不管孩子是贏是輸，都會對他造成深刻的影響。無論你說出什麼話，都是在傳達以下的訊息給孩子：

- 你不假思索就接受了主流價值和方法。你不信任自己的直覺。
- 重要的不是你的生活方式，而是你最後的置身之處。你對地位抱持著信念。
- 外在的某件事物、家庭以外的某件事物，比家庭本身更重要。你貶低了家庭的價值。

最後一點的破壞力最大。一旦家庭的價值遭到貶低，孩子就會失去無價的事物，而這是他在其他地方得不到的。削弱家庭價值所帶來的可怕效應，有時極為顯而易見，但有時較不容易發現，取決於那個家庭在所屬社群面前想要呈現哪種外在形象而定（順道一提，我所說的家庭，包含了單親家庭，還有負責養育孩子的成人組成的其他家庭。）

你要把自己的家庭列為第一要務，還要知道如何教導孩子瞭解何為基本又不可替代的價值。但要怎麼培養做到這些的力量和信心？家長必須告訴自己：「不管我們在家裡做什麼，對孩子來說都是最重要的。孩子的朋友是誰、讀哪所學校，這些都不是最重要的事。」

但是也要明白，這件任務不是概念問題而已。你要設法把家庭當成生物般養育，這是你的孩子每天都要體驗到的事物。唯有做到這樣，你才能建立穩固的根基，外界無一物可以征服。這是你必須為孩子做到的事，唯有如此，你對於身為家長的自己，才會感到心滿意足。

為了打造穩固的家庭，你的持家哲學，必須體現出你的家庭所代表的價值。唯有堅守這些價值並且每天實踐，你的家庭才能充滿活力。

要打造穩固的家庭，有三項不可或缺的要件：**愛**、**靈性**、**紀律**。這些價值會把家庭化為安全的場所，跟恐懼感構成的世界形成對比。這些價值是內在價值，隨時可以培養，不會受到短缺或競爭的影響。

奉行這些價值，能使家庭成為意義的源頭，充滿活力。奉行這些價值，能使你的家變成一個更安詳、幸福的地方，帶給孩子無窮的幫助。身為家長的工作，就是讓孩子覺得每一天都有意義，這就是為什麼教養子女是全世界最困難的工作。

①愛

愛只有表達出來才會真實存在。越常表達，愛越會成長，而這點必須透過以身作則來教導孩子。你必須讓孩子瞭解，他們的責任就是愛人，尤其是珍愛兄弟姊妹。孩子需要看見父母每天都愛彼此。在承受高壓的時候，在大人身負乏味責任的時候，他們特別需要看見大人表達愛。

你必須讓孩子知道，愛人需要付出心力，而愛就是孩子的工作。

如果你把愛視為一種物質，那麼家庭的最大責任就是盡可產生愛。愛人，成了家人之間的團體任務。

② 靈性

你必須讓孩子看見你跟某種更高的力量建立關係，這樣一來，你在他面前不僅能變得更為強大，也更有人味、更容易親近。這點對孩子來說並不是抽象理論，他們天生比大人更貼近神，但除非有人鼓勵，否則他們只會把這些感覺埋藏起來。

你並不需要假借任何宗教體系的力量，只要誠心即可。只要努力為自己建立靈性連結，這樣打造出來的環境，就有助於孩子體驗他們跟神之間的連結。孩子是每天、三餐、睡前都有這樣的需求，把這個需求當成是一天的一部分。家庭的靈性面就能讓孩子體驗到何謂敬畏與融洽——兩大無價的贈禮。

③紀律

紀律有如一縷線，把家庭織成了對孩子而言可預測的東西。少了一致性，無一物可存在，更何況是家庭。大人必須教導孩子尊重時間，也就是說，重要的事情，比如睡覺、進食、洗澡等，到了該做的時間就要去做（最好每天都同一時間做），不是等孩子想做才去做，身為家長，除非你拿出意志，用有條理的方式經營自己的人生，否則也無法建立家庭的紀律。**大人必須教導孩子瞭解，掌控內心衝動是一大成就**。阻止孩子吃第二個甜甜圈，他會覺得自己有所匱乏，但這些暫時的匱乏經驗卻能使他學到一切。征服了外在世界，孩子的內在靈魂就會亮起來。孩子要什麼就給他什麼，會讓他最後落得什麼都沒有。

這些活躍的力量能創造實質的結果，但要讓這些力量活躍起來，關鍵就在你手上。光是概念上的相信還不夠，光是口頭上的擁護也不夠。你必須親自實踐。身為家長，你做的事沒有一件是完全無害的。

這些價值能創造內在力量的泉源，幫助孩子度過否定和逆境，使他有勇氣展現自己，變得更堅強，足以形成自己的意見。要是沒有這些價值，就算孩子「贏了」，人生之旅也會變得悲慘。在這些價值的幫助下，你也不會把孩子逼得太緊。我們社會往往把智力發展看得比什麼都重要（兒童閱讀就是個很好的例子），但在小學一年級以前，我們必須讓孩子享受自己的世界，徜徉在幻想的天地裡。這段時期不應是成就的時期，而是孩子從另一個世界汲取莫大力量的時期，而這股力量將在日後的人生變得具體。

孩子還需要從你身上得到另一個東西：他需要身為人的你持續不斷成長。要打造一個真正有活力的家庭，自己就要先有活力。

一切有活力的事物都要不斷成長。

生命就應如此，無一例外。

若你覺得世上再也沒有什麼需要學習的事，覺得自己面對的個人難關都毫無意義的那一刻，一部分的你就死去了。這個死去的部分會成為你孩子的重擔，孩子要麼會逃離你身邊，要麼會試圖用自己的成功來彌補你欠缺的努力。不管是哪一種，都是災難一場。身而為人的你，若能保持前行的狀態，就會變成光。你自身的前進，為孩子照亮了世界。

如此一來，你就是把一份大禮送給了你的孩子——你自己。

引導「青少年」，贏得真正的尊重

17

對世界各地的學校而言，這是個令人驚惶不已的時代。我們一而再、再而三地聽聞青少年攜帶槍械進入校園，射殺同學和教師。這個現象無法用簡單的原因解釋，當然了，心理健康、槍枝的輕易取得、媒體上呈現的暴力等，無不是促成的原因，但是光憑這些因素，依舊解釋不了那些孩子何以犯下這樣恐怖的暴行。

幾年前，我看到有位記者訪問曾攜帶槍枝到校的孩子，試圖瞭解他們是怎麼進入這種完全漠視他人生命的狀態。這些青少年表現出來的樣子，就像那些行為與他們本人完全無關似的。他們說：「我在那裡，卻也不在那裡。」、「我想是反射動作吧。」、「殺人的感覺就是很酷。」他們描述的狀況，就像有一股黑暗力量完全征服了他們，把一般連上人性的道德和自制都摧毀殆盡。

對青少年來說，這股黑暗力量具有強大的吸引力。每個人的心靈都有這個黑暗面，這個內在惡魔希望我們是特別的，希望我們凌駕於規定之上，而不是整體宇宙的一部分。前文中，我把它稱為「X部分」。在青少年身上，「X部分」使他們受反抗成人的對立世界吸引，最具體的表現就是反抗家人。藥物濫用和陰沉乖戾，是「X部分」引發的部分後果。青少年的家長會明顯感受到孩子散發出一股黑暗力量，它有如某種神祕的烏雲，使家長感覺無助、無力對抗。不過，你可以多瞭解黑暗力量，並運用真正的力量加以還擊，幫助孩子。

青少年最嚮往的，莫過於自由。他們想脫離父母，體驗自己的個體性。人唯有抱持勇氣、堅守紀律，經歷漫長的過程，才能獲得真正的自由。不過，青少年基本上還是個孩子，他們誤把假自由看成是真自由，以為這個假自由的力量強大許多，至少短期來看是這樣。這就是「X部分」可怕的地方，「X部分」會利用立即的生理滿足感來證明它的論點。實際上，它傳達的訊息是「如果我能夠（透過藥物、性、憤怒等）帶給你這麼強烈的身體經驗，那麼我跟你說的其他事也絕對千真萬確。」

然而，「X部分」提出的其他事都是謊言。它說自由就是有能力迴避現實；但，真正的自由恰好相反。自由要透過順從以下三個無法逃避的現實要素才能形成：**痛苦**、**不確定性**、**努力**。青少年應當忍受這三要素帶來的所有不適，但是「X部分」會誘使青少年認為這樣「不公平」。它聲稱青少年有「權利」迴避現實中的不愉快。衝動的滿足，正是「X部分」採取的手段。

一旦家長感受到黑暗力量的存在，就會瞭解青少年的很多偏差行為是其整體人生的一部分。在很多情況下，偏差行為跟小孩的教養方式毫無關係，是孩子渴望脫離童年，而造就出來的一種獨立、必然的產物。然而，這不代表你不應該質疑。

當青少年參與及實踐成人活動，他們人格當中的力量會被太早激發出來，反而無法發展到最完熟的狀態。青春期的時候，必須抑制黑暗力量，才能將孩子鍛鍊成堅強的成人。

不過，為什麼應該抑制這些力量呢？道德上的討論很難讓孩子信服。孩子必須理解以下的概念：克制自我並成為團體的一部分，才能使自己變得更堅強，獲得真正的力量。昔日的教會、學校、社區對人的行為發揮著強大影響，每個人都會受到道德的外在約束。

但今日，我們提不出可信的理由要孩子克制自己，這是現今社會的失敗。在更廣大的社群裡，大家好像都不怎麼自制。在我們的社會中，個體性和自由背後的動力，把權威機制全給掏空了，大家都不想接受那一套不由分說的規定。如果人人都能建構出自制的內在模式，為自己負責，那就不用以災難收場。其實，這才是自由的真正含意。

為自己負責，
才是自由的真正含意。

然而，自由有別於專橫的道德，無法由外部強行施加，就連家長也做不到。家長唯一能做的事，就是培養自己的內在力量，用真正的自由取代不實的低層次自由。這種更高的自由不是強行施壓的力量，但孩子感受得到其深度和堅定不移的特質，久而久之，便會潛移默化。這股力量是假裝不來的，大人必須實際上改變自己才行。

如果父母活在無靈性、無方向的渾渾噩噩狀態中，偶而才脫離那種狀態，對正值青春期的孩子大吼大叫，那就毫無效力可言了。大人不坦率面對自己，反而會導致孩子更決心反抗家長。親子之間的溝通，有百分之九十都不是靠言語；孩子會察覺到這股更高的力量有沒有出現。

無論你這位家長是已婚還是單親，都能發揮親職功能，使青少年孩子覺得家庭結構更真實可靠。難處在於你要有一套價值觀，讓家庭變得生機蓬勃。青少年還是會有所反抗，卻也會意識到家庭的力量，並且記在腦海裡。就算你本身只做出些微的改善，你跟孩子之間的互動，仍會出現微妙變化。

一直以來，大人已經失去了意志和信心，無法在青少年面前主張自己的價值體系。但大人其實可以給青少年孩子豐富又優異的知識。而要把那些知識傳達出去，最好的方法就是親身實踐。利用下列方式，有助於促進更高自由的發展。

學習放棄

你自己放棄不了有害的娛樂，卻要求孩子放棄，那這個要求不僅空洞，還引人厭惡。請找出一個壞習慣來立刻改善。重要的是付出心力，不用做到完美，例如菸量可以從一天兩包菸減少到一天五根菸，這樣一來，跟孩子談話的時候，就會發覺自己的內在湧出一股新的力量。放棄某些娛樂算不上什麼道德之舉，也不應當成是自我懲罰或苦行，這是在具體實踐自由。

在這種情況下，你會脫離內心的「X部分」及其致癮性的渴望。孩子誤以為自由的意思是更深入物質世界，獲得立即的滿足。請記住，真正的自由，意思是脫離物質世界。

遵守紀律

上一章提到的紀律，是跟年幼的孩子有關的紀律，但更進一步來說，人人都必須遵循某種內含規律性的無形結構來生活，例如：就寢和起床的時間、用餐的時間、運動的時間、祈禱的時間等。被引入你生活中的規律，能發揮真正的力量。

青少年往往認為，自由就是有權在你想要的時間，做你想做的事情。但在現實中，你會因此成為衝動的奴隸。藝術工作者最容易接受這點，因為沒有紀律，就培養不出力量來展現自我創意。當你依照無形的結構生活，就是讓高階原力跟你設法達成的目標產生關聯，高階原力會帶給你真正的自由。

保持前進動力

宇宙是活躍且時時在變動的。你必須在自己的人生中持續往外擴張並往前邁進，才能接觸到這股生命力。每個人使用這股力量的方面各不同，也許會涉及創意專案、社區服務、職涯轉變、靈性發展等。對我們大家來說，前進動力是終生的責任。如果你任由自己逃避世界，一部分的你會就此死去。

請記住，「X部分」傳達給青少年的通常是另一種版本的生命力，而且是傳達的方式往往引人注目又刺激。家長本人若是如行屍走肉，就失去了挑戰這個謊言的可信度。

孩子進入青春期後，家長的權威、智慧、善意，會經常遭到質疑而動搖，有些青少年甚至根本聽不進半句話。前文提出的辦法都不是什麼神奇的力量。你堅守某種模式越久，那種模式就的效力就越強。

當你跟孩子之間的相處出現危機時，身而為人的你要抱持信念、改善自己才行。無論再怎麼渴望，人都無法回到過去權威者只是因為地位高就受到尊敬的時代。今日的難關是要運用真正的高階原力，讓家庭和社區都充滿活力。

唯有做到這點，才能贏得年輕人真正的敬意。

18

珍惜從「行動」得來的智慧

八〇年代初期，我見證了一個很特別的東西誕生——健康社區（The Wellness Community）。這個獨特的組織為患有致命疾病的患者提供心理上和靈性上的支援，而且不需要支付任何費用。就像大部分的偉大事物，健康社區的點子起自幾個人坐在會議室裡的聊天。

在這群人當中，有概念發想者海洛德・班傑明（Harold Benjamin），還有五位在癌症治療上經驗豐富的治療師。海洛德五十多歲，過去是成就斐然的房地產律師，退休後致力行善。他集結了這群治療師（包含我在內），聽取我們的建議，藉此打造健康社區。海洛德神經緊繃，有時很惱人，又沒受過正式的心理學訓練。有資歷證書保護的我們，很容易就對他嗤之以鼻，甚至還會打擊他說，他的願景很難實現。

短短不到幾週，事情顯然就反了過來，變成我們要向海洛德學習了。每一場會議都會冒出一兩個好主意，我們這些專業人士會針對那些想法嚴謹地討論，直到每個點子都被否決為止，會議室頓時瀰漫無力感。這時海洛德會立刻照某個主意採取行動，把我們拉出那種無力狀態。

他的方法很直接，就是拿起電話撥號。我是在死板嚴謹的醫療環境接受訓練的，所以，他的行為在我眼裡有如一道啟示。每當他伸手拿起電話，我都能感受到會議室的氣氛緊張了起來，每個人的心裡都在想：「這樣是行不通的。」可是，他還是做了。每次會議尾聲，他都會在行程表中排上一名講者或顧問，或者排定新進度。健康社區就這樣一點一滴成形。

我親眼見證這樣的創造過程。我們這些治療師永遠做不到這樣，因為我們需要感受到每個步伐都是「正確無誤」的一步，需要感覺有把握，才能付諸行動。不過，在事事確定無誤的狀態下，是無法為這世界帶來新事物的。**想要有所創造，就必須進入未知地帶**。

海洛德還不知道自己做的事正不正確，就先採取行動。活躍的人都具備這種能力，因為他們對行動抱有信念，他們意識到自己需要的資訊不是來自思考，而是來自行動本身。我稱之為「意志的智力」，也就是說，你的意志不只是能推動你做事的一股能量，更是一股感知力——近似感官。

對我們的社會來說，這種觀點非常激進。我們以為智力是在大腦裡頭發生的一種枯燥乏味的思考過程，但那只算是低層次的智力，叫做瞭解。**更高層次的智力叫做智慧，不在腦袋裡，而是四散於周遭的世界。採取行動背後的意志，會將你連上這個智慧世界。**

古人認為，整個宇宙是一個活生生的有機體，在神明的運籌帷幄下運作。現代人以為自己比古人更懂宇宙，我們「瞭解」的宇宙是隨機的物體組合，有些是在生化的意外下而出現生命。然而，我們為此傲慢付出了代價——面對未知，我們既驚惶又無力。

如果智慧不是既存的事物，那麼唯一能汲取智慧的方法，就是採取行動了。意志比思考過程更有智慧。假設我們打算開一間甜甜圈店，我們可以花數百個小時爭論要賣多少比例的巧克力甜甜圈，多少比例的香草甜甜圈。但與其花一年時間進行抽象思考，不如採取行動直接開店，這樣更會知道每種口味一天要做多少個，世上的甜甜圈顧客會把必要的資訊提供給我們。

儘管面對未知還要採取行動，會引發多數人的原始恐懼。但只要學會以全新的角度看待行動，就能克服這份恐懼。要讓採取行動的過程更有成效，請依循以下三項原則。

① 快速

一旦下定決心行動，開始前的猶豫時間越短越好。拖延許久才完成的行動，就算最後成功了，仍不如快速完成卻失敗的行動更能提升信心。

②密集

活躍的人一個早上採取的行動，比大部分的人一個月採取的行動還多。你的目標是要讓自己在既定期間內採取的行動次數，遠多於你平常的行動次數。一開始可以慢慢來，試著一天只做兩個行動，然後逐步增加。

③每晚檢討

請在睡前騰出十分鐘的檢討時間，用書寫的方式回想白天採取的行動，還有明天想要投入的行動。把事情寫下來，你會變得更認真，比較無法騙自己你究竟完成了多少。

只要落實這套全新的行動哲學，你就會感受到每個行動所具備的價值。一開始請先從小步驟做起，直到這套哲學自然而然地融入你的生活。只要堅持下去，就會體驗到智慧的湧入，進而實際引導你進行下一步。你從失敗中的所得，不亞於你從成功中的所得。你會明白，任何努力所獲得的結果並不重要，唯一重要的是，你會持續落實這個過程。

有些人容易陷入惰性，生命力低落，其根本問題是動力，而這套行動哲學就可以解決這個問題，因為意志的智力會把智慧跟活力十足的行動聯想在一起，而不是跟死氣沉沉的思考聯想在一起。有些人會垂頭喪氣地走進我的診間，抱怨自己不知道應該做什麼事，才會產生動力。他們消極等

從小步驟做起，
感受每次行動的價值。

待著某種神奇的體驗帶來方向感，但這種情況不僅從未發生，更顯示他們完全誤解了動力。

無論他們對自己目前所走的路有多麼沒把握，我總是建議他們立刻採取行動。這項意志練習會提升他們的生命力。而生命力本身——非人的推理能力——會讓人發現自己的新方向。把生命力想成是一股有智力的感知驅力，這種想法對我們來說很陌生，不過，你見過非常活躍卻毫無方向感的人嗎？

你也會開始以不同的眼光看待目標。既然你需要的資訊來自採取行動的過程，那麼目標的作用就是去刺激這個過程。沒有所謂的正確目標或理性目標，請以你現在就能投入的目標為起點。所有的目標都是短暫的。一旦付諸行動、投入其中，生命力就會提高，可用來建構下一個目標的智力也隨之而來。

只要懂得運用意志的智力，就能以靈性觀點看待行動。但無論我們是否懂得運用，每個人心裡都有個部分想要不停往前邁進並且創造，而這個部分正是不朽的高我。高我會連結到更高的生命，使我們充滿智慧，不在乎暫時的失敗。

現代人的靈性目標並不是要讓高我脫離塵世，而是要讓高我展現出來。藉由採取行動來獲得智慧，其實是一種激發高我、體驗高我的方式。這意味著每個人的人生旅程都很重要，每一步都很重要。

「陰影」是人生最大的資產

19

前文大致提過父母拚命把孩子送進名牌幼兒園的現象，以下提出一個具體的例子：我見過某位母親走後門，動用關係，幾乎是懇求對方讓她付幾萬美元，就為了換得孩子就讀那間幼兒園。

我的這位患者平常個性消極、容易不安，但一講到要把兒子送進高級私校，她就變身為女超人。她把自己成長的家庭稱為「拖車垃圾」。她從原生家庭脫身的方法，就是靠自己的美貌，在城裡當模特兒謀生。她結婚的對象很愛她，但他的成就達不到她的期望。她一直想爬上社會的某個階層，在那個階層裡，人人享有完整的安全感，但她怎麼也高攀不上。

既然自己無望進入那世界，她轉而把這個抱負寄託在兒子身上。私校就是通往這個菁英世界的窄門，她要幫助兒子擠進這道門，什麼也阻擋不了她。一切原本都按照計畫進行，但是開學後，卻變了樣。

每天早上送兒子上學時，她很確定其他媽媽都看不起她，以取笑的目光看著她。那些媽媽很少會過來聊天，她很快就斷定，在這些媽媽的眼裡，自己就是不夠好。她覺得被否定，開始批評自己，對自己的外貌挑剔得尤其嚴重，但她有信心的，也就只有自己的外貌了。

幾個月後，她在校外教學時好不容易跟兩位媽媽說上話了，這兩位媽媽對她說，其實其他媽媽都覺得她在迴避她們。她們看見的是一位魅力十足卻蔑視他人的女人，她每天大步經過她們身邊，卻未對大家多看一眼，反而是她讓大家感覺不安。

最讓這位當事者女性訝異的，不是她誤判情勢，而是其他媽媽竟也會感到不安。在她的眼裡，她們都是開荒野路華（Range Rover）的優越階級創始成員，這些女神們怎可能有缺陷？

歷經這幾個月後，她才認知到人性的基本定律：**每個人都認為自己有問題**。每個人都有某部分不想顯露給世人看，因為我們認為自己那部分不如人。瑞士精神科醫師卡爾・榮格（Carl Jung）稱為「陰影」（shadow）。

榮格認為，陰影是人固有的一部分，你希望它未曾存在，卻不知怎的無法擺脫它。

要這位女性接受自己人格中的陰影不難，她覺得自己被無能的原生家庭給弄髒了，害怕自己無法擺脫那個家，唯恐它有一天會曝光。不過，她不敢相信的是，那些出身高貴的媽媽竟也有感到羞恥的地方。雖然她們彷彿擁有一切，但是每個人都有某件事讓自己覺得不足，比如不可告人的癮頭、不完美的外表、年華老去、上不了檯面的學歷等。我們把所有這些弱點統統投射到那個次等的第二自我——陰影上。

然後，我們設法把陰影藏起來，就像是把敗筆裝入袋子，再塞進衣櫃，以免世人看見。結果是，我們躲在外表的背後，設法避開世人的目光，僅展現自己覺得體面的地方，所以很多人都覺得自己是騙子。

我的這位患者很想相信世上存在著沒有陰影的超級團體，所以才希望兒子成為這團體的一分子。唯有她接受自己做不到這件事，她才會開始有所成長。這層體悟將使她改變人生目標，**不是去擺脫陰影，而是接受陰影。**

接受自己的弱點和失敗，到底有什麼好處？答案是，你會因此接受你身而為人的現實處境。無論你感到羞恥的事有多具體，那些事永遠不會是你感到自卑的根本原因。

自卑是人類的基本精神狀態。

就連最菁英團體的成員，也會感到自卑，西方文化稱之為「人類的墮落」。從神話學的角度來解釋，意思是我們從永生的狀態（樂園），墮落為脆弱、短暫、混亂的肉身狀態，而且這軀體會一天天腐朽。外在成就不管多麼燦爛奪目，終究短暫易逝。無論你多努力設法掩蓋，你的陰影還是很清楚這個事實。

從神話學的角度來看，高我會記得你在樂園裡原本的更高狀態，所以知道你墮落的程度。高我把你的失敗當做一套衣服那樣穿在身上，從而創造出陰影。

在某種意義上，高我是自行犧牲，化為鏡子，好讓你看見真實的自己——你當然也是個有缺陷的人類。但陰影其實並不是你不如人的部分，只是見證了你身而為人的真實處境。陰影是高我佯裝而成。在西方神話中，基督的故事最能反映出陰影的作用，基督代表的正是整體人類的陰影。

人們總是不惜一切代價，隱藏自己的陰影。他們活在綁手綁腳的世界裡，害怕展現自己。他們不去認識新的人，他們害怕親密感，他們扛不起開創新局的風險。他們無法挑戰上司或在大家面前開口。有些人很自卑，就算是在私人日記裡，也無法寫下內心的真實想法。他們不瞭解陰影的真實本質，把陰影看成了敵手。

然而，**陰影其實是你最大的資產**。

你的內在住著一位獨特又無拘無束的小孩，這個部分相信直覺，並且完全接納自己。全知的自我會判定這個部分是次等的，但這個部分其實是高階原力的源頭，能實際創造出神奇的力量。你的不安正是良機，你越是能接受自己的弱點，就越能激發創造力。**接納自己能產生真正的力量**。

光是理解這點，人生的意義就會隨之改變。你走進世界不再是為了迎合外在的成功標準，而是顯露自己的陰影，學著接受陰影的存在。你原本擔心別人對你有何想法，但如今你已從這暴政中解脫，能夠更自由地展現自己。

單是想著自我接納還不夠。你還需要使用一些工具來練習，以下列舉三種工具：

接納自己，才能產生真正的力量。

① 把陰影化為你能夠體驗的現實

潛意識裡的事物，只要以視覺形式呈現出來，就有可能成真。請閉上雙眼，回到人生中覺得特別受傷、被否定、疏離的時候。也許是小學時，在其他孩子面前被羞辱；也許是感情結局很慘的時候；也許是陷入憂鬱的大學時期。像在看別人那樣，去看看那個年紀的自己。觀察那個人痛苦的表情、注意他外表舉止的細節。你看見的是你的陰影。現在請對陰影說：「你真實存在，你永不離去，你是無價之寶。」花一點時間感受站在影子面前是什麼感覺。

請不斷練習，直到你能夠隨心所欲重新創造陰影為止。你內在的這個真實部分存在於當下此刻，能夠產生創造力來助你一臂之力。

②關注你的負面經驗

負面經驗處理得宜的話，會很有價值。每次你感受到傷痛、自我批評或自卑的那一刻，就是陰影浮現的瞬間。不要懼怕這些時刻，反而應該把這些時刻當成一種提醒，提醒你要對陰影展現愛與接納。請想像陰影的模樣，對它說話，而且要帶著你跟自己孩子說話時的情感。

想像自己抱著陰影一會兒，整個練習不用十秒鐘。你正全心全意地接納陰影，你會變得沒那麼害怕世界、沒那麼自卑。你跟陰影合而為一，接納自己，信心就會到來。

③不要迴避需要你表現自我的情境

假設你將參加的聚會盡是一些令人生畏的賓客，出席聚會時，就會有很多負面信號出現。這表示你一整晚都必須跟你的陰影聊聊。重點不在於別人對你做出什麼反應，重點是你的內在目標：要讓你跟陰影之間的連結更加深厚。

中世紀時，鍊金師會尋覓神話中的賢者之石，據說這種魔法石具有神奇的轉變力量。在日常生活中，要找到那顆魔法石有個訣竅：它的樣貌很普通，是大家不會想費心撿起來的普通石頭。日常的負面經驗，尤其是自卑，就好比是這魔法石，它無法把鉛化成黃金，但能使你脫胎換骨。

只要你體悟到，你進入這世間是為了跟自己建立關係，那麼人生的意義及諸般痛苦，就都變得可以理解了。

20

「衝突」是正常又無法迴避的事

我年近三十時開始學空手道，試圖克服我對肢體衝突的恐懼。我喜歡那位空手道老師，所以他開的班改到南布朗克斯區的拳擊館上課時，我也跟著去了那裡。那間拳擊館其實是一間教堂的延伸建物，教堂獨自矗立在瓦礫遍地的街區角落，其餘建物已遭拆除。每當我從曼哈頓開車過橋進入這片荒瘠地區時，內心總是緊張不安，到現在還是不忘當時的感受。

拳擊館的氣氛更是令人生畏，至少一開始是這樣。其他學員都是布朗克斯區來的，在他們眼裡，空手道或拳擊訓練是極其嚴肅的事。在場上對打的男人、擊打沉重沙包的男人，全都散發著一股壓抑的怒氣。他們沒因為我是新手就手下留情，有個男性跟我對打時，好像特別討厭我似的，堅持要把我打倒在地。不過，幾個月過後，我注意到那些強烈的情緒會在練拳結束後消散無蹤，取而代之的，是瀰漫在館內的一股充滿愛的祥和感。一小時前，那些男人好像隨時準備幹掉彼此；一小時後，他們卻被某種神祕的關係給連結起來。

某天晚上，我要離開教室時，車子故障無法發動。拳擊館附近的治安很差，入夜後若是還留在那，我唯恐會發生意外，一股熟悉的恐懼感不由得浮現。然後，有個人影從陰暗處走出來，是那個每次練拳都想把我擊倒在地的男性。我不曉得會發生什麼事，但我在他的臉上看見了擔心的表情。他找人幫我把車子拖走，然後陪我走過幾條街，直到地鐵站，他把我當成家人對待。原本在我眼裡的可怕世界，突然間變得充滿了愛。

拳擊館的男人之間有著連結，不是因為衝突和打鬥結束了，反而是因為那些衝突和打鬥而使他們產生連結。這個例子比較極端，顯示**人與人之間要是沒有衝突，就無法建立深厚的連結**。

如果你想跟某人變得親近，就必須進入互動區（zone of engagement）。在互動區，人與人之間會變得非常親近，從而流露內心的脆弱。脆弱會引發恐懼，恐懼會引發衝突。然而，只要適當處理衝突，就能創造真正的連結。衝突會變成一種用來真正理解對方的感官。互動區是一充滿動態的地方，人們聚在一起，就會創造出某種神奇的力量。進入互動區，會獲得以下的好處：

- 你會確實感受到自己與世界的連結，讓你產生家的感覺。
- 待在互動區，能給你新的想法。
- 在最深的層次上，互動區是靈性之地。我們跟他人的關係，最容易使我們跟靈性世界相會。

大部分人都會迴避真正的互動，他們厭惡衝突，所以他們向這世界提出的要求，遠少於他們應該提出的要求。其中一個結果就是造成了現代人的矛盾。儘管現代人置身於眾多嶄新的傳播技術中，卻往往感到極為孤立。這種現象並不令人意外，科技很少會真正幫助我們互動，我們反而更常利用科技來迴避衝突，避免表露任何脆弱。數以百萬計的人們躲在網路帳號後面，進入社群平台。有了電子郵件，就可以迴避面對面的衝突；有了文字簡訊，就可以傳送訊息，不用害怕即時對話。失去連結的感覺強烈到變得極端時，就有可能使青少年感覺和這社會格格不入，以至於要帶著槍械走進學校，企圖射殺同學。

為什麼我們那麼害怕衝突，寧願過著處處受限的人生？因為幻覺使然。每個人的內在小孩都認為自己是「好人」。既然宇宙應該要「公平」，那麼其他人就沒有道理跟我們意見相左，甚至討厭我們。儘管如此，衝突還是會發生，令人忿忿不平，深感震驚，無法應對。之所以震驚，不是因為攻擊或紛爭的具體細節，而是因為竟然有人不喜愛我們。

我們不敢置信，竟然有人會誤解我們這樣的好人。「怎麼會有人那樣對我……是我耶？」被人厭惡或誤解，會粉碎你的自我形象，所以大家才會不惜一切代價迴避衝突。然而，這種迴避反而會導致互動區成為禁區，削弱了人生應有的深度。

要真正成為個體、成為大人，就要接受以下的事實：**衝突是人生中正常又無法迴避的一部分**。要跟別人建立連結，必然要發生衝突，因此衝突可能是極為正面的事。可是，要發揮這份潛能，跟這世界建立更深的連結，就要付出心力才行。

面對衝突，我們多半是反射性地做出本能反應，既不多想，也沒有什麼更高的目標。這樣會發生什麼情況呢？我們的腦袋會對別人做出負面判斷，這些負面判斷會無止境地循環不已。「他竟敢對我說那種話。等我見到他，我要跟他說……」同時，你遠離對方，遁入自己的殼內，悶悶不樂，與世隔絕。這種反應的效用，就像是汽車失控打滑但你卻打反了方向盤，導致越弄越糟。

在衝突期間，你尤其需要跟超越眼前環境的高階世界保持連結。這個高階世界的力量會流經你，幫助你冷靜下來，賜予你勇氣。高階世界充滿著無窮的愛，不妄加評斷。一旦你評斷他人或有所保留，你就會像石頭那樣從高階世界墜落。你會失去資源，最後灰心喪志，無能為力，陷入愁雲慘霧。

同時，基於習慣而產生的強大力量，會把我們從高階世界拉出來，所以我們必須努力抗拒才行。而我們能使用的最有效的工具，就是主動的愛，本書的開頭已簡單提過。主動的愛必須用上你的意志。我們對愛的看法多半流於天真，以為愛應該是自然到來，不用付出任何心力。有了主動的愛，你就能在過去會陷入厭惡的情況下，反而產生愛，為的是不讓別人擊倒你。

其實，你越是必須跟某人在一起，就越需要把主動的愛傳送給對方。主動的愛，正是你的力量所在之處。主動的愛，會讓你跟高階世界裡無可阻擋的原力保持連結。請以下列方式進行主動的愛：

集中：想像愛是遍布你周遭的一種物質，請把周遭這種物質全都吸進你的胸膛裡，集中起來。

傳送：把這份集中的愛傳送給對方。如果對方不在你眼前，請在腦海中想像對方的樣子，並把愛傳送給腦海中的對方，毫無保留，就像完全呼出一口氣那樣。

滲透：這是最重要的步驟。不僅要看著愛進入對方的身體，更要感受愛進入對方身體時的感覺。你會在那一瞬間感覺跟對方合而為一，這時，你就進入了高階世界。所謂的愛，就是接納一切。只要能夠把愛傳送給你討厭的對象，就表示你能夠接納人生中的任何事物。你已體驗到真正的愛，而唯有先體驗過真正的愛，才能觸發高階世界。不用把這件事看成與道德有關。把高階世界的定律當成萬有引力定律般，順其自然地接受就好——你不由自主，而且那對你是好事。

要發揮主動的愛，關鍵在於把愛看成是一種物質，而不是一種判斷。面對討厭的車子，你可以像在清洗你心愛的車子那樣，拿水管把它清洗乾淨。發揮主動的愛，不表示你贊同對方的行動。其實，重點不是在對方身上。你反而是在更明確地主張，就算受到攻擊，你還是不願被帶離高階世界，不願失去心流感和連結感。你讓自己維持在衝突無法恫嚇你的狀態裡，然後你就可以自由自在地跟這世界充分互動了。

這是一種以全新目光去看待衝突的解決辦法。人與人之間要建立長久的連結，只在爭端的枝節上妥協讓步是不夠的，未來總是會出現新的枝節和新的爭端。關鍵在於每次起衝突時，各方都要處理好自己內心的恐懼和厭惡。如果人人都做得到這點，善意就會產生，這面臨難關時在靈性上付出努力所獲得的成果。

唯有這樣，你才能秉持信念，跟對方保持連結。

21

練習面對「失去」才能獲得快樂

文斯・隆巴迪（Vince Lombardi）是有史以來最受尊崇的足球教練，他帶領的綠灣包裝工（Green Bay Packers）球隊，在六〇年代創下了無可匹敵的輝煌紀錄。他鼓舞球員的能力是出了名的，至今仍是現代教練的榜樣。他是個要求嚴苛的教練，堅持球員只能贏，不准輸。據傳，他的座右銘是：「勝利不代表一切，卻是唯一要務。」無論他是否真的曾這麼說，這句話都已經流芳百世，甚至成為用來定義現代美國的概念。

麥可・喬丹是美國人眾多偶像中的一人，既有外表、又有頭腦、更有魅力，但他最受推崇的能力（至今猶然），是即使在高度壓力下也能夠抗壓獲勝。大公司們不惜付出高昂代價，想跟他的形象連結在一起。看看喬丹的廣告就會發現，那些廣告部部巧妙精湛，在美學上堪稱是對光榮勝利的美好致敬。

現代人對勝利的執念，扭曲了體育運動，卻沒人認真質疑過這種現象。即使是有問題的選手，只要有助於贏球，職業球隊依舊會雇用；有些奧運選手會為了求表現而定期服用禁藥；在日常生活中，素來以理性、高知識形象出現的家長會在樂樂棒球賽大罵裁判，只因為他們七歲孩子的球隊眼看就要輸了。

假如只有體育賽事受到影響，情況也許還不至於那麼糟糕。不幸的是，「獲勝就是至善」的想法已滲入生活的所有層面，變成了我們的生活理念。前述的家長拚命把孩子送進名牌幼兒園，期望孩子未來可以進哈佛就讀；公司的高階主管竄改帳目，這樣投資人就不會對季度盈餘失望；執行製作人利用愚蠢又暴力的電影確保票房賣座。他們不只設法獲得成功，更是對成功懷有執念。在他們眼裡，獲勝是「唯一要務」。他們親身實踐這個現代觀念：沒有什麼比獲勝更重要。

這個信念已深入我們的生活，所以很少有人提出質疑。不過，我們應該質疑才對，因為越是片面地把重心放在獲勝上，就越會輸。事情跟我們設法要贏得什麼一點關係也沒有，問題出在這個觀念會影響我們的心態。執著於獲勝，你就會一心固著於目標，使獲勝成了攸關生死的事。最後，你的所有注意力都集中在自己以外的某件事物上，也許是事業、金錢、名聲，也許是另一個人，變成一種依附狀態。當你花大量時間思考及擔憂某件事，表示你正處於依附狀態。而依附狀態本身，就是真正的失去。佛教徒認為，這是萬般苦難的源頭。

在這種依附狀態下，我們失去了什麼？

我們跟任何比我們自身宏大的事物之間失去了連結。那股宇宙裡的高階原力能讓宇宙成為一個有意義的整體，而人類要是跟這股原力失去連結，就無法獲得快樂……高階原力不存在於事物當中，事物固定不變，而高階原力是時時變動的。我們越是把注意力放在某件事物上，就越是遠離我們所需要的靈性能量。

還有一點更糟，失去了跟高階原力的連結，社會就會分崩離析。如果每個人都把注意力放在獲勝上，就表示每個人都只在乎自己，於是我們彼此的距離越來越遠，贏家不在乎輸家。

二十世紀初，人類認為自己可以透過科學來「贏」過物質世界。人類的所有問題，包括社會與經濟問題等，都可能具有「科學的」解決方案。結果真正發生於本世紀的情況是，在世界史上絕無僅有的邪惡與謀殺大爆發。人類無法意識到任何比自我更宏大的事物，就會失去所有克制，直到幾乎摧毀自身。

在其後的一千年，人類跟高階原力之間的連結要是不恢復的話，就會自取滅亡。唯有高階原力能使我們超越私人需求和執念，啟發我們去關心彼此。高階原力是無法透過立法、購買、大量生產而獲得的。在這新時代，必須由個體一個接一個地把這些靈性能量帶進這個世界。說來十分矛盾，能讓我們重新連結高階原力的，不是贏，而是輸。這跟我們看待世界的角度恰好相反，所以一開始你或許會覺得這種說法很荒唐。

然而，只要別著眼於失去的事物，而是著眼於失去以後所處的狀態，這種說法就顯得合理了。在依附狀態下，你把自己執著的事物化為你最終的現實。無論那件事物是什麼，你對該事物產生的依附感，會導致你置身於把物質看得比什麼都重要的世界。依附感會讓你受困於這個毫無高階原力的世界。唯有你失去那件事物，才能從這個空虛的世界中解脫；唯有那個時候，你才能進入一個由靈性力量——而非物質——構成的活躍世界。

「失去」的奧妙之處在這裡：**失去讓你得到全世界**。由物質構成的世界是有限的，你有所得，就是我有所失，我們倆是對手；由高階原力構成的世界是無限的，唯有在這高階世界，我們才會全都是贏家，這才是集體的成功，沒有高階世界，我們會回到相互廝殺的狀態。

大部分的人陷入自身的失去，無法運用這種靈性潛能。我們把所有注意力集中在獲勝上，以至於不懂得怎麼失敗，這樣很悲哀。一般人會盡量迴避失去，或是忽略失去。當失去最終令人不堪負荷，他就變得心情低落，甚至氣餒無力，不知該怎麼主動接受失去。要能主動接受失去，必須做到三件事：

- 接受自己必然有所失去，視之為人生的一部分。
- 認知到自己有可能從失去中獲得高階原力。
- 在失去發生的當下，有能力處理失去的經驗。

只要有工具可以處理失去，那麼失去某件事物的經驗，就能轉換成獲得全新宇宙的經驗。要獲得那個工具就要體認到，你承受的每一次失去，背後都有一股無窮原力。正是這股力量創造出宇宙萬物，無論你是否要稱之為神，總之要先有失去和破壞，這股原力才能重新創造。

每一次經歷失去，就是一次與這股高階原力建構關係的機會。我們往往試圖討價還價：「你可以搶走我的工作，不可以搶走我的老婆。」不過，這種說法是把宇宙的推動力跟人類放在同一個等級上。你必須放棄討價還價，學著完全順從這股原力。

要做到這樣，唯一的方法就是願意失去一切，這正是關鍵所在。要練習處理失去，請先閉上雙眼，專注想著你依附的那件事物，也許是金錢、地位、健康等，什麼都可以。想像自己緊緊抓住那件事物，然後突然把它放開，對自己說：「我願意失去這筆金錢。」同時，感覺自己正在墜落，你應該會有一股愉快又解脫的感覺，就好像你緊抓著峭壁邊緣，突然間放手。墜落的時候，你看到太陽就在下方的某處。

請感受自己墜落到太陽上，你撞到太陽表面，身體燒了起來。你告訴自己：「我願意失去一切。」你的身體是你為了擁有物質而使用的工具，因此一旦失去身體，就等於是真正失去了一切，請感受這種如釋重負的感覺。

現在，你位於太陽的中心。你沒有身體，所以可以隨著太陽的光線，往四面八方自由地放射。在你向外放射時，請想像自己的周遭圍繞著眾多的太陽，這些太陽全都照向你，你感受到這些太陽散發著祥和靜謐的感覺。現在，請睜開雙眼，回到自己的身體，並想像太陽仍舊留在你的心裡。

此時，你將感受到擁有物質時從未感受過的強大力量。

整個過程只需要一分鐘。

這個工具可以處理你人生中已經發生的失去，更可以應付你因未來可能發生的失去而產生的恐懼感。不管怎樣，你都是在訓練自己處於不依附的狀態。不依附，不會讓你變得消極，也不表示你不在乎達不達成目標。

然而，因為你能夠接受失去，所以失去也不再具有那種令你難以釋懷、攸關生死的意義。有股原力比你個人的欲望更強大，而你正在學著跟它保持接觸。獲勝再也不是唯一要務。

唯有如此，你才能獲得快樂。

向「夢境」學習

22

很少人知道，誕生於亞西西城的聖方濟各（Francis of Assisi）之所以會改變人生，成為史上最知名的聖人，並且獲得世界各地、各個教派的推崇，是因為他領悟到自己某場夢境所蘊含的智慧。聖方濟各的偉大成就，沒有多少人能夠達到，但他的故事深富教誨，他的成就至今仍然意義重大。

聖方濟各當年所處的中世紀社會腐敗又墮落，統治菁英為守住個人私利，任由大部分的平民百姓貧困度日。城邦之間戰爭頻傳，少數族群與殘障人士遭受無情的迫害。為了反擊這樣的腐敗與墮落，方濟各運用了愛和療癒的驚人力量。不過，在那之前，他必須先有所轉變。

方濟各出身富裕，大肆揮霍父親的錢追求美女，過著花花公子的生活。然而，他真正熱愛的是戰爭，年紀輕輕就已經戰功彪炳。某次，方濟各在一場新戰役開打前，做了一個夢，夢見自己置身於宮殿，那裡存放著許多武器和盾牌。他認為這個夢表示他應該繼續以軍職為業。不過，在遠征的途中，心裡卻出現另一股強烈的直覺，覺得他自己誤解了夢境，他應該回到故鄉亞西西城才對。回到家以後，同一道內在的聲音讓他體悟到，夢中的武器，其實是憐憫、慈悲、愛這三種靈性武器。

之後，方濟各生了一場大病。康復後，他發現自己原本渴望實質的征服，但如今已變成渴望傳播和平與良善。他原先夢想著獲得英勇騎士的榮耀，後來卻捨棄一切，置身於當時社會最鄙視的漢生病[7]患者之中。

在夢中出現的高階原力引導下，方濟各離開了那條盲目追求物質的道路。在他和其他古代人眼裡，這些原力是靈性的力量。今日自認見多識廣的我們，則是把這些力量稱為潛意識原力。

在夢中來到我們眼前的潛意識原力，具有無可否認的強大力量，而我們也迫切需要這股力量。不過，在我們習慣採用的心態下，夢境的概念相當陌生。我們必須自己做好準備，接納夢境、理解夢境。

夢分成很多種：有些夢代表我們對實現願望的渴望；有些夢代表我們對將來事件的恐懼；有些夢甚至代表我們當下正經歷的體感，例如熱。不過，這些夢有如管弦樂團正式演奏前的試音，紛亂嘈雜，不具有什麼更高遠的目的。

真正重要的夢，是傳達智慧的夢。人生中出現關鍵的轉捩點時，通常就會做智慧之夢。現代世界常把智慧和事實混為一談，因為提出事實很容易。現代人早已被眾多事實給淹沒了。然而，事實再多，也無法引領我們度過人生的關鍵時刻。某人相信某套事實是正確的，另一個人卻覺得是錯誤的。智慧是一股高階原力，會揭示你身為個人在特定時刻必須前往的地

7 即痲瘋病，是一種慢性傳染病，主要經由飛沫傳染，但傳染性並不強。

方。智慧是你和宇宙之間的橋梁；智慧超越常人的思考能力，幫助你心懷目標，往前邁進。

不過，真實的情況是，我們抗拒智慧。自我自以為很懂，不願開放胸襟去接納任何比自我聰明的事物。於是，我們陷入窠臼，僅從千篇一律的角度看待世事。我們往往執著於一些外在目標，比如事業或地位，還主動把任何會讓我們分心的事物給排除在外，因而流於偏頗。

夢的作用就在這裡。

夢的作用就是修正你的態度，率先提出這個觀念的人是卡爾•榮格（Carl Jung），他提出一套全面性的新方法來研究夢境。舉例來說，很多人都夢見過自己上課遲到，或是沒讀書就去學校考試，這代表自我在抗拒情緒修練或靈性修練的「功課」。其實，我們必須學習變得完整。其他夢的意夢的作用就是修正你的態度。

義則沒那麼明顯，夢到自己受到攻擊或殺害，雖然可怕，卻跟人身危險毫無關係。受到攻擊的，是你的態度。夢是在瓦解你對物質世界的執著，讓你變得平衡。如果你經常做這種夢，請開放胸襟，接納以下的可能性：**夢含有你需要接收的訊息**。你甚至可以（在入睡前）請夢闡明訊息。

光是開放胸襟接納夢境，仍不足夠。夢的世界自有一套法則。如果以日常生活的眼光看待夢，就會誤解訊息。夢具有以下五大關鍵要素：

① 象徵

基本上，夢境是畫面，不是言語。就像方濟各夢見的武器，夢中的圖像代表著圖像以外的事物。我們總是認為，最高形式的智力是言語。那種說法是自我的自負；自我是透過言語進行思考。古代人認為，智慧是以圖像的形式出現，神是以圖像進行思考。更高的真理是以人類日常生活中的圖像來包裝，因此靈性武器才會偽裝成方濟各實際使用的武器，出現在他的夢中。

榮格發現，某些象徵圖案是通用的，也就是說，每個人的潛意識天生就含有這些象徵圖案。這些象徵不僅出現在夢中，也出現在神話和藝術作品裡，榮格稱之為原型。《星際大戰》的黑武士達斯維德就是一例。在世界的任何一處播放《星際大戰》，觀眾只要見到黑武士，就會認出他是邪惡的原型。

其他的原型還有母親、父親、上帝等。原型出現時，表示夢正在把你連結到榮格所稱的「集體潛意識」。這個部分的你會超越你的個人歷史（也就是個人的潛意識），把你連結到宇宙意識。古代人會更簡單地稱之為「靈性世界」。

② 互動

我們往往以為，象徵是我們從外部看到的靜態圖像或圖形，例如數學符號。夢的圖像很不一樣，它們十分活躍，不會站著不動。你像是遊走在多個象徵之間，跟多個象徵互動。在夢中，你也許會被某個象徵追逐，或發現自己正在吃某個象徵。做夢者若把這些象徵看成是真實世界的物體，就很容易誤解其含意。你也許是在夢中看見了一枚金幣，然後貪婪地把金幣放進口袋裡，但此處的金幣代表的不是物質財富，而是智慧的象徵。

③ 重複

夢的世界若有重要的訊息要傳達給你，就會創造一系列的夢來讓你知道，有時會夜復一夜地出現。榮格認為，做夢者一而再、再而三做類似的夢，是為了讓他願意接受引導，只是夢會以截然不同的方式處理同一議題，使我們覺得混亂困惑。例如你有發揮創造力的必要時，也許會夢見生小孩，也可能會夢見整理園子；你需要培養個人力量時，也許會夢見會見總統，也可能會夢見你在健身房鍛鍊肌肉。夢的世界不會只用一種方式傳達訊息，所以自我會感到不安，因為自我喜歡事物有固定的形式。

④內在

夢很矛盾——你被帶到另一個世界，但那個世界卻是存在於你的內在。如果你心胸開放，就能一窺你的內在現實，一窺你平常否認的真相。在夢中，你會見到某些彷彿脫離了你自己的部分。獅子也許代表著你內在的憤怒；嬰兒也許代表著你的高我，從經驗中誕生。某些原型會揭露自我裡隱而不顯的內在部分。你的陰影（榮格提出的次等的第二自我，大部分的人都設法隱藏）也許會現身為乞丐，或者是你在遙遠過往時所鄙視的某個人。正如我們所知，面對並接受你的陰影，是內在成長的重要第一步。

⑤戲劇結構

夢跟電影很像，經常以三幕的形式說故事。先是有個起頭，起頭經常發生在平日的情況下。接著有旅程，或者是發現，或者是挑戰，環境因此變得有威脅性，或變得奇異或奇幻。此時，你會深入自己的心靈，進入集體潛意識。最後一幕是要解決你的處境，也許會以回家作結。夢裡的情緒起伏是一種情緒教育，希臘戲劇把它稱之為「淨化」（katharsis）。

二十一世紀無疑會聚焦於資訊。科學、邏輯、電腦產生的解決方案，絕對會占有一席之地。不過，這三者永遠無法解決我們面臨的更深刻問題：如何接受失去？如何容忍負面事件？如何引導孩子？如何在人生中找到意義？那樣的智慧只能從內心尋求，那樣的智慧來自於高階原力，而高階原力會透過夢接近我們。

「自由」與「承諾」

23

我認識一個男人，他的人生目標很奇怪——他打算買下一座無人島，在島上度過退休生活，徹底逃離文明。他以患者的身分來見我時，對我說就他記憶所及，買無人島一直是他的目標，他一定要在四十歲生日前解脫。那種退休十年後就死掉的生活，他可不想要。他堅稱：「我想要自由度過漫長的人生。」

我看得出來，這個男人根本不懂自由的意思，他一輩子都在錯誤的地方尋找自由。他是獨生子，母親出身貧困，覺得自己從未發揮潛能，所以她不能讓這種事發生在兒子身上。他對我說，他從小在「不受限制」的環境下長大，假如他不喜歡某所學校，母親會讓他直接轉學到另一所學校；假如他跟某個朋友吵架，母親會幫他找新朋友；假如他不喜歡某部電影，母子倆會走出去，改看另一部。母親的開放態度在兒子身上並未產生預期的作用，兒子長大後變成只會做夢的人，迷失在自己的幻想中。

他無法制定計畫，也無法遵守約定。他沒有做決定的能力。如果有朋友邀他共進晚餐，他會問朋友，可不可以晚餐前一小時再跟他確認？他到時再做決定。不用說，他沒什麼朋友。

在他看來，自由就是有能力在他想要的任何時間，做他想做的任何事。他聲稱：「我才不要放任生活把我的自由奪走。」我說，**長大意味著要做出承諾，大人永遠只能做有限的選擇**。他回答，大部分的人都「出賣自己」。他覺得別人都落入成年期的「陷阱」，而這陷阱裡最糟糕的部分就是不得不工作，只有「傻瓜和奴隸」才會一輩子工作。這時，買下一座無人島的想法就冒了出來。在無人島上，他可以安全待在自己的世界裡，沒人會對他提出要求。

我認識他的時候，他的夢想就快要實現了。他工作的公司才剛上市，而他持有股票選擇權，只要簡樸度日就能安心退休。當時他三十七歲，只要等個一年，股票選擇權就會生效。不過，那年卻發生了一件令他震驚的事：他墜入愛河了。以前的他總是同時跟兩、三個女人交往，這樣就不會想許下承諾。但是這次，有個女人動搖了他的心。他面臨兩難，如果他想跟她結婚並扛起一個家，就必須繼續工作，賺取足夠的金錢，不能再逃到樂園。他最大的恐懼成真——他被困住了。

然而，把他框限住的，並不是這種情境。

他被幻覺給困住了，他誤以為自己可以過著不用理會他人要求、不用對他人許下承諾、無壓力的生活。

說來矛盾，越是渴望避開壓力，越是會引發壓力。這個人距離「自由」的境界遠得很。來找我做心理治療以前的那些年，他害怕自己被困住，怕到在電梯裡、飛機上恐慌症發作。這個女人給予的愛，是他遇過最美好的事，可是他發現自己無法善用這份美好。就連他幻想的逃離也做不到了

（其實在無人島上生活，可以擁有的選擇不多）。要等到他理解「人生的要求很多」這條真理，才能開始真正活著。然而，只要你滿足人生的要求，就會獲得無價的回報。你可以創造、感覺人生擁有目標、能夠擁有深厚的關係、感受得到熱忱。自己能迴避人生要求的幻覺，使人無法觸及這些喜悅。真正的自由，是免於陷入幻覺的自由。

為什麼人生的要求很多？因為人生並不是死寂宇宙裡的無意義巧合，人生是一股高階原力，帶著目標前進。你也許會抵達不用為錢工作的境界，但要感受活著的滋味，就必須具備某種前進動力。沒有前進動力，就無法體會人生，陷入毫無意義的存在狀態。就算你的身體還活著，你的內在卻已真正死去。

我們都看過駝背嚴重到幾乎直不起身的老人家。別人卻站得直挺挺的，充滿生命力。你覺得這兩者中，哪一種人仍在往前邁進？哪一種人更人生需要帶著目標前進。

自由呢？

身而為人的我們，唯有連結到更高的生命力，才能夠真正活著。打斷這層連結，並不是自由，而是否定人類的天性。假如魚會飛，這並不表示魚很自由，只表示牠不是魚。魚能夠往牠選擇的方向游去，才算是自由。

深厚的生命力會為我們帶來內在的自由。我的患者追求的是外在的自由，面臨的選擇越多，就以為自己越自由。在這樣的幻覺下，他執迷於自己周遭的事物，但那其實反倒讓他沒那麼自由。

看看重視物質的一般人吧，他們看起來自由嗎？再多的財產、再多的選擇，也無法讓我們脫離人類最終的限制——時間。時間的庫存逐日見底。我們試圖保留每一個選擇，暫且不做決定，卻也同時在浪費最珍貴的時間資源。

我們總是在等待更好的事情到來，卻像是被車燈照到的鹿那樣僵住不動，這樣是自由嗎？所謂的內在自由，就是此刻有能力往前邁進。要往前邁進，就必須封閉一些選項。時間會導致人生對你做出許多要求。你必須做出選擇，因為你沒有永遠。

雖然這個道理顯而易見，我們卻很難應用。每當你關上一道門，就是在承受一回小型的死亡。試圖避免失去本是人之常情，但結果卻帶來更多拖延，又浪費了時間。訣竅就在於改變你在這些受限時刻的經驗。沒錯，從外表來看，你是放棄了一些機會或經驗；不過，從內在來看，你其實是有所得。

生命不是來自於物質世界。唯有你放棄跟周遭物質之間的連結，你才會發現自己的生命力。由此來看，每次你放棄某件物質，就會獲得高階原力。你承受的那些小型的死亡，累積起來反倒帶來更多的生命力。

受到局限，反而能激發強大的力量。這股力量在神話上的象徵，正是「父親」。帶著沙漏、留著白鬍子的時間之父形象，我們再熟悉不過。他象徵著無法避免的情況，例如我們的命運、我們的死亡、我們最終的無助。我們所有人看到時間之父，多少都會心生恐懼，連小孩子也不例外。

我的患者懷著幻想，還以為到了無人島，「父親」就找不到他。很多人會盡全力迴避「父親」及其要求。所有的物質追求最終都是為了迴避「父親」，但是人們無從迴避他，而這樣也誤解了「父親」的象徵。唯有你反抗「父親」，他才是具有威脅性的人物。當你順從「父親」，你就能分享他的力量。這個靈性真理呈現於《新約聖經》的基督故事、《舊約聖經》的亞伯拉罕與以撒的故事，還有其他許多神話。

你跟「父親」之間的正確關係有個名稱，叫做「紀律」。每當你遵守紀律，投入一個選擇，就是在加深你跟「父親」之間的關係。你在實踐局限的力量。

真正的自由，就是有能力使用這股內在力量。你並未擺脫時間的局限，卻懂得充分利用你擁有的時間。你可以在以下方面感受到這股力量。

關係

沒有什麼比無法許下承諾更會削弱關係。我們等待著更美好、更神奇的人。真正的自由，就是知道不可能出現完美無瑕的人事物，有能力停止等待，就是許下承諾。

心情

說來奇怪，但快樂是對外在局限的頌揚。生活在沒那麼工業化的文化中的人看起來比現代人還快樂，是有原因的。對於能從物質世界得到什麼，他們沒那麼執著。真正的自由，還有隨之而來的快樂，指的就是有能力擺脫這種執念。

命運事件

在神話意義上，「父親」引發了所有事件。也就是說，你人生中的事件全都具有更崇高的意義。抱持這種觀念的話，你甚至能懷著慈悲心與勇氣面對難關。真正的自由，就是有能力從事件中學習，不成為事件的受害者。

創造力

創造力來自局限。你的外在世界限制越多，你越會受到啟發，創造新事物，而且是外在世界尚未存在的新事物。如果不管你想不想做，你每天都會在固定時間（局限）投入創作，那麼你在任何藝術形式（比如寫作）上都會有所精進。身為藝術家的你順從「父親」。不久之後，你就會感受到「父親」幫助你創作，那才是真正的自由。

擺脫「嫉妒心」

24

我有位患者是嶄露頭角的年輕女演員，她的事業路不斷被障礙物給絆倒，而那障礙物就是她的好友。這位好友也是演員，卻好像更受命運眷顧。我的患者很出色，但是她的朋友卻更有魅力——不只吸引到一些男人，所有男人都拜倒在她的石榴裙下。

兩位女演員多次爭取同樣的角色，她的好友總是一次試鏡就拿到最好的角色。我的患者經常對我說：「她擁有的人生，是我想要的人生。」她一直藏著嫉妒心，直到在某部電視影集的試鏡中，露出了馬腳。

兩位女演員爭取某部群像劇的同個角色，一如往常，好友拿到了角色。可是兩個人都不開心。我的患者幾乎藏不住嫉妒心，那位朋友則是想要有自己的影集，覺得演群像劇有失身分。然後，一件事情發生了，回想起來，這肯定是神的傑作。第一集還沒播出，那位朋友就拿到了另一部影集的主角角色，我的患者則是替代好友原本在群戲裡的角色。

不過，事情並沒有解決。我的患者比過往更埋怨朋友。我提醒她，她的願望成真了——她踏進了朋友的人生。不過，她卻覺得自己拿到別人穿過的舊衣。她的嫉妒心變成一種執念。最後，她無法專心投入新角色，差點失去工作。她做的反應就像小孩看到不想要的新玩具，就把玩具弄壞。最後，她跟對方絕交，專注在自己的工作上。她的朋友傷心又不解。

電視劇開播後，朋友的新劇一敗塗地，隨後便停播。而我患者的電視劇卻爆紅，她和同劇演員都成了大明星。然而，成為明星以後的情況，跟她想像的不一樣。她變得執著於自己的外表，嫉妒同劇的主要演員，害怕媒體上的壞評價。最糟糕的是，她對於演戲不再樂在其中，於是她休息了一陣子。

曾經的好友打電話恭喜她成功，我的患者回說：「妳的人生沒有我期望的那麼好。」意思是她拿了朋友原本的角色，結果卻跟她想像的不一樣。但朋友誤解她的意思，回答說自己現在的生活其實相當不錯——跌這一跤後，她反而覺得生活沒那麼忙亂，跟人的連結也變深了。那次的對話敲醒了我的患者，她開始努力回到原本的生活，回到她朋友身邊。

我的患者之所以心生嫉妒的原因顯而易見。可是，為什麼她得到了想要的東西，卻還是不快樂呢？其實，**滿足感跟我們擁不擁有某些東西毫無關係，我們的快樂取決於我們選擇活在哪個世界**。一個是真實人生存在的世界，一個是缺少真實人生的低階世界，要做出什麼選擇，就看我們的心態了。

嫉妒會把我們拉往低階世界，我們嫉妒別人擁有的東西，不僅嫉妒他的車子、房屋、金錢，還嫉妒他的名聲、美貌、人際關係。我們嫉妒某件事物的那一刻，會以為那件事物的供應有限。在這個僧多粥少的世界，我們自然會彼此競爭。

想像一場派對有六位賓客，卻只有五片蛋糕，勢必有一個人吃不到蛋糕。我的患者因為自己的嫉妒心，而被拉到這種狀態裡。在這種狀態下，她誰也無法信任。她的創造力受阻，對自己的演技失去信心，再大的成功也無法讓她脫離這種狀態——她必須改變心態才行。

我們內心感受得到這個由心流和富足構成的世界。這個地方沒有匱乏，因為高階原力會讓我們有能力不斷創造。想像同一場派對，每當有人拿起一片蛋糕，就有一片新的蛋糕被創造出來，那就沒有必要嫉妒了——人人都可以蛋糕吃到飽。

然而，這當中有一點要注意——高階世界是持續移動的。若要跟上高階世界，你就必須在自己的人生中繼續往前邁進。而你前進的方向，並不是隨便選的。每個人的人生都有一條預定的道路要走，這條路上有著重重難關，有些會非常痛苦。我們需要那些難關的教導，才懂得如何連結到比嫉妒會把我們拉往低階世界。

我們自身更宏大的事物。

因為我們各有不同，所以每個人前往高階世界的道路都是獨一無二的。我的患者的朋友在電視劇失敗後得以一窺高階世界的模樣，也正是那個時候，她發現有事物比她的自我更宏大。雖然你無法以邏輯證明自己走的路是正確的，但有一種生活方式可以讓你察覺到它的存在。

關鍵是訓練自己去感覺，無論現在你身上發生什麼事，那都是本來就應該發生的，儘管並非出自你的意願。你人生中的每個事件，都具有重要的個人意義，因為那是專屬於你的事件。這份意義感會給予你力量，讓你能在自己的道路上跨出下一步，而這是你唯一能掌控的事。

嫉妒會阻礙我們的道路，因為嫉妒會讓我們無法體會意義。你嫉妒對方，就是在跟自己說，你寧願踏上對方的路，也不願走出你自己的路。這樣一來，你自己的路、你的人生，都會因此失去意義。那不只是嚮往對方擁有的事物而已。之所以會生出嫉妒心，其實是因為你以為對方活在不一樣的世界裡，以為那裡沒有逆境、沒有不確定性，跟你自己的世界截然不同。對方擁有的物質——更曼妙的身材、更大的車、更好的工作——成為神奇象徵，代表對方有能力靠著更有利的一套規則過日子。然而，這種想法不過是幻覺。

一個人無論擁有什麼，都無法免於逆境或不確定性。可是，我們難以抗拒這種幻覺。我們周遭的財富之多，在人類史上絕無前例，結果導致嫉妒心的氾濫，卻沒人正視過這件事。就連新富階級也感染了嫉妒心，他們嫉妒別人擁有的東西比他們更多。

嫉妒心不只會造成阻礙，更會帶來危險，因為我們要是無法走出自己的路，就會失去個人身分，經歷靈性上的死亡。唯有足夠強大的原力，能讓我們心裡把嫉妒的人放下，回到自己的路上——那股力量就是愛。

愛的本質，就是接受現況。把愛傳送給你嫉妒的人，就是在說，你接受對方擁有你所沒有的事物：就是在提醒自己，無論對方擁有什麼，那都是對方人生路上的一部分，跟你沒有關係。你不再從物質尋求滿足。這一切都來自「傳送愛」的舉動，只要簡單的舉動，就能讓你自動置身於高階世界。愛會帶來圓滿感，讓你感到充實，並緩解你對於自己的匱缺而生出的執念。

對於傳送愛給你嫉妒的人，常見的反對理由是：「我又不喜歡他，要怎麼把愛傳送給對方？」答案是愛並不代表你贊同他。愛是一股高階原力，讓你可以用來教自己基於自身利益，隨心所欲生出愛。能落實這點的工具，叫做「主動的愛」，前文已探討過了。

順道一提，我之所以使用「主動」一詞，是因為愛不會輕易到來，需要耗費一番心力，才能把愛散播出去。第一步，請專注想像愛是一種實質的能量，遍布於你周遭的世界。把這股能量吸過來，感受能量集中在你的心裡。第二步稱為傳送，想像把你內心的能量傳送給你嫉妒的人，感受能量毫無保留地流向對方。記住，最後一步也是最重要的一步是，不僅要試著看見能量進入對方，更要感受能量進入對方。有一刻，愛會讓你和對方合而為一。就像電路流通那樣，你會在進入高階世界時感受到心流。你不再關注別人擁有什麼。你可以放下它們，找回自己，在你自己的路上，專心跨出下一步。

25

「愛自己」，接受自己最羞恥的部分

我有個朋友是戲劇老師，教過很多好萊塢名人。有一晚，我們討論到為何有些演員能成為明星，而有些演員同樣才華洋溢，卻沒有成為明星。是神明一時興起的庇佑嗎？還是單純的好運？友人說，如果給他看一群有才華的年輕演員，他可以預測哪些演員會成功。我笑了出來，問他什麼時候變成靈媒了。不過，他是認真的——他認為演員的人格中有一項具體因素可以決定成敗，祕密就在於看演員怎麼應對試鏡。

我有很多患者是演員，所以我很清楚試鏡有多麼困難。你必須走進一個充滿陌生人的房間，還要敞開心扉演戲。你只有五分鐘可以打動那些人。相信我，那些人沒那麼好應付。試鏡是世上最艱鉅的任務之一。演員都不喜歡試鏡，但有些演員的試鏡技巧比其他演員好得多。

根據友人所言，明星就是懂得試鏡技巧的一群人。他說，明星之間無論有多不同，都具有一項共同點：重點不是他們對試鏡準備得有多充分，而是他們在試鏡結束後的反應。跟大部分的同行不一樣，明星永遠不會抨擊自己，就算情況不順利，他也會對自己說，表現得還不錯。

友人是這樣說的：「他們缺少自我抨擊的基因。」我一聽就覺得很有道理。想像一個拳擊手在比賽結束後走進更衣室，反覆打自己的臉，這種對待自己的方式未免太嚇人，他撐不了多久的。成功的演員試鏡後會溫柔地對待自己，這是在為下次試鏡做好準備。他處理的是他唯一能掌控的變數——對待自己的方式。

現代生活就是一場盛大的演出。我們衡量自己在學校、職場、跟朋友在一起時、身為家長時的表現。社群媒體讓情況變得更糟糕，完美的影像用力朝我們襲來，但很少人能像我友人說的成功演員那樣，善待自己。我們會惡毒地指責自己，以為自己有所不足。

當我們犯下過錯或陷入壞習慣，我們被訓練成要狠狠訓斥自己改正，可是這樣一來，情況只會變得更糟糕。到了隔天，我們就會反抗自己的嚴苛標準。我們會做出像青少年反抗家長時的反應，只是我們自己就是那個家長。沒錯，我們會以前一天嚴厲指責自己的那個行為來表示叛逆。這是無止境的循環。

不斷自我抨擊，使我們暗自生出自卑感，也沒有信心去做新的事情。大部分人認為「我就是這個樣子」，改不掉老習慣，自然會造成對自己的傷害。然而，不一定非這樣，只要練習自愛，誰都能打破這個有害的循環。

我們都聽過「自愛」一詞，歐普拉之類的節目、心靈勵志書籍也經常提到。老實說，我覺得這個詞很煩，過於甜膩又糊爛，像是在說一種曖昧不明、自我感覺良好、脫離現實的狀態。在我心裡，自愛屬於心靈漫談的範疇——就是聽起來很不錯，卻沒有具體的做法，無法給你什麼指引。

我花了好幾年時間，才找出自愛的真正含意。現在我明白了，在人類的發展中，自愛是最強大有力的要素。自愛就是接受自己最自卑的一面。誰都能夠接受自己優秀的一面，那很簡單。要努力的地方是，**接受自己引以為恥的部分，也就是榮格所說的陰影**，陰影就是人不願成為也無從擺脫的那個部分。

你的陰影，也許是身高、也許是出身、也許是大學入學考試的分數、也許是你甩不掉的酒癮。到頭來，細節永遠不重要。在宇宙中，人類的地位脆弱又短暫，我們感到自卑是難免的。我們裝模作樣，設法隱瞞這件事，不讓世人和自己得知。我們開著合適的車子，擁有合適的身材，把孩子送到合適的學校。不過，裝出來的表面一旦瓦解，我們就抨擊自己，而那個表面永遠都會瓦解。若人生無法符合我們對自己的幻覺，我們的反應就是自我批評。

不過，這類失敗其實是人生中最重要的時刻——在這些時刻，我們的陰影會突破表面，浮現出來。過錯和失敗應該要觸發愛，如果在這些時刻，我們學會愛自己的陰影，那麼我們就能接受自己，從而變得完整，並且獲得信心。

以下的練習可以幫助你打破自我批評的習慣，轉而愛自己。整個練習只需要幾秒鐘的時間。

首先，試著想像次等的自己，這是你的第二自我，擁有你的每個弱點、每次失敗。你的陰影看起來也許像是比較年輕而匱乏的你。回到你人生中感到自卑、被拒或不安的那個時候。別擔心陰影的模樣。在這個過程中，陰影的外表通常會改變。重要的是，它的形象要看似真實，彷彿你就站在一個活生生的人面前。如果這個人真的讓你感到不舒服，那就表示你做對了。

然後，無條件接受自己的這個部分。唯有愛能做到這點。感受你的心往外擴張，把純粹的愛傳送給你的陰影。如果你有更多時間，請想像你在擁抱他，或用言語安慰他。最接近這種情況的經驗，就是我們在安慰自家孩子的時候。我們需要用同等的強度去愛自己。乍聽之下，這一切也許很做作，但只要持之以恆投入想像練習，你會驚訝地發現，這個經驗變得真實了。

自愛擁有改變人生一切的強大力量。你不再那麼容易受到別人的反應影響，你變得更無畏、更放鬆，縱然犯下過錯，也會迅速修正。然而，這股力量不會輕易到來。單是瞭解自愛，甚至僅僅幾次的練習，這樣是毫無作用的。自愛必須要在嚴格的紀律下實踐。

在我居住的加州，很多學校的自尊運動都飽受批評。批評者聲稱，校方教導小孩說，認真讀書不如多培養良好的自我感覺，這樣其實是放棄了所有標準，是一種縱容。批評者也許是誇大其詞，但不該出賣自尊心來替

「自愛」擁有改變人生一切的強大力量。

代紀律這點，他們說的是對的。自愛的真正實踐恰好相反，要是沒有紀律，自愛以及因而產生的自尊心就無法存在。

自愛不是放棄，然後跟自己說沒關係，那樣是一種否認。如果一開始就沒有付出努力，那麼接受自己的失敗，可說是毫無意義。如果你太過懶散，不願充分活出人生，你就拿不出必要的能量來達到真正的自愛。

自愛也不是只關心自己。其實，自戀者根本無法接受自己的陰影，更無法愛自己的陰影。自戀者需要外界無止境的關注，藉以安慰自己說，他們不曾失敗。他們沒有勇氣承認自己的弱點，也缺乏紀律去學習接受弱點。自戀是一種靈性上的懶散。所有的愛，尤其是自愛都需要付出努力。你必須付出實質的努力，才會懂得去愛你不喜歡的自己的那一面。

付出努力自愛，就能獲得莫大的回報——你的心會敞開。你的心擁有你的腦袋所沒有的力量。當你抨擊自己，就是完全置身於自己的腦袋裡，陷入自己的評判之中。那個世界限制重重，活在那裡，你就會用有限的視角看待自己的潛能。心的運作仰賴的是愛，不是評判。

愛不受限制，愛會讓你有力量去做任何事。只要擁有真正的自愛，什麼也阻擋不了你。

不再「批判」，人生將更美好

26

多年前，我有位患者是個不再年輕卻仍胸懷大志的電影導演，年近四十，卻還是衣著寬鬆、長髮及肩，保持著垃圾搖滾的頹廢風格。他的事業就跟他的外表一樣，困在了過去。他沒有花時間去創作新故事，反而在洛杉磯街頭漫無目的地閒晃，觀察路人。他挑剔每個人，在心裡吹毛求疵，批評別人的車子、外表、舉止，甚至是他想像中對方的人生。他開車四處晃，坐在車子裡對外界指指點點，覺得自己跟這個糟糕的世界完全格格不入。他對每個人的意見都很多，唯獨一人例外——他自己。

然而，他的人生過得不甚順遂。多年前他曾經導演過一部電影，當時大家都覺得他有潛力，但這種情況在好萊塢不會維持太久，因為隨時都會有另一位新星出現。

他在第一部電影後，收到好幾個邀約，但他全都拒絕了，因為那些邀約都不符合他為自己作品定下的優秀標準。每個送到他手上的劇本，他都嚴厲批評，還惡毒評論其他的導演，尤其是競爭對手的作品。結果可想而知，邀約漸漸少了。朋友和經紀人試著跟他講道理，但是他下定決心「擇善固執」，絕不妥協。多年過去了，現在的他再也不年輕、也不酷了，只是個愛批判又孤立的中年人。

他開始接受心理治療時，一文不名。雖然他開玩笑說，自己處於「不惜為了溫飽而導演」的階段，但顯然他是走投無路了。很多難以想像的事，他都想過。

這麼多年來，他首度接到導演工作的邀約，正在考慮接受。但那不是他想拍的有意義的電影，而是青少年向的恐怖片，以前的他對這種電影根本瞧不上眼，但其實這次可以拿到邀約完全是走運，他自己也很清楚。他對我說：「要是接下這工作，我的世界就會瓦解了。」我回道：「你需要的就是這個。」這個男人活在夢境之中，他把自己看成是特別世界裡的大師，周遭的現實世界永遠達不到他的理想，所以他才會那麼嚴厲地批評。

拒絕接受這個世界，就無法在這個世界正常發揮作用。這個男人心理上跛了腳，無法往前邁進、無法承擔風險，甚至無法做出決策。在某種程度上，我們都想像過活在一個自己是天選之人的世界裡，每一天都過得輕鬆自在。這是幻想，實際上並不存在。

當我們無法應對現實世界時，就會逃遁到幻想世界。我們變得愛評判，每一次的嚴厲批判都是在說，我不接受這世界現存的樣貌，我寧願待在自己的夢境之中。評判是因為恐懼。宇宙是無法控制的——不應發生又無從預測的事情時時都在發生，事情不如意的時候，也沒有另一個宇宙可以讓我們逃避。說來諷刺，我們多半以為自己的吹毛求疵是就事論事。其實，我們之所以愛評判，正是因為沒有能力接受人生原本的樣子。

這個男人問：「難道我不可以有意見嗎？」當然可以，世上有一大堆不好的事物——否認這個事實未免危險又不健康。然而，評判可不只是這樣而已。人評判某件事物時，就是在暗指著那件事物根本不應該存在。如果我們自以為知道什麼應該存在於這個世界、什麼不應該存在，那表示我們在扮演神的角色。我們以為自己的判斷應該要決定現實的本質，我們的想法可以凌駕一切。一旦我們以為自己十分重要時，就變得只看得見自己，看不見其他人了。

我們妄下評判時，就是把自己跟人生的連結給切斷。我們真正需要知道的事，還有實踐那些事背後的靈感，是來自於超乎我們理解能力的一處地方，那地方比我們的思維心靈更宏大。愛批判的話，我們就無法接近這種高階智慧。在我自己的人生中，很多我最有把握的事情都是錯的。

多年前，我認識一位女人，我「知道」她對我不好，她很自私，不值得信任，不懷好意。我設法避開她，她卻追了過來。幾個月後，她把我介紹給另一個人，這人後來成為我這輩子最親近的友人。回首當年，很容易就會明白，高階智慧把她帶進我的人生，是為了讓我遇到另一個人。然而，我當時卻盲目地確信自己的判斷「正確無誤」。

那位電影導演不得不付出慘痛代價才學到教訓。他有個壞習慣，特別愛批評在他心目中不是藝術家的人。可是，拍電影很花錢，片商的想法也同樣重要。在這些非藝術家的人當中有一位執行製作人，這位導演特別看不起他。他覺得對方根本不懂他，所以不願跟對方交談。而對方怕導演後續拍攝時會失控不配合，於是提議終止合作。

我鼓勵導演去向對方道歉，維持日常的尊重關係。導演嘀咕又抱怨，但既然那是挽救工作的唯一方法，他只好放下自己的評判，把對方當成人看待。電影殺青後，他竟然立刻接到下一個工作邀約，是對方友人的邀請，原來是對方大力舉薦了他。那位導演說：「我想我是誤會他了，所有的一切都誤會了。」這是他邁向智慧的第一步。

所謂的評判，是指你已經「知道」的事——你根據過去經驗而產生的想法。這些我們高度重視的想法，讓我們覺得自己正確無誤，結果這些想法卻是敬陪末座的安慰獎。智慧跟「正確無誤」毫無關係，智慧是一種狀態，讓你能運用比自身智力更高的智慧，協助你創造未來。妄下評判的話，就會脫離這種狀態。

德爾菲神諭告知古希臘哲學家蘇格拉底，他是世上最聰明的人。不過，蘇格拉底深信自己所有的知識加總起來根本不算什麼，他怎會是世上最聰明的人呢？他困惑不已，問了他所能找到的每一個聰明人，測試對方的知識。這樣做了好幾年以後，他領悟到自己確實是世上最聰明的人，因為只有他一個人願意承認自己一無所知。

把「正確無誤」的念頭放下，需要耗費不少心力，自我會沉溺於「自己很重要」的念頭。你要在下評判的那一刻，打斷你的評判。試試看吧，現在就對某個人做出苛刻的評判，感覺你的腦子是怎麼糾結並把世界排除在外。然後，放下評判，感覺你的腦子放鬆下來，敞開心胸。把心進一步往外擴張，感受心中的喜悅。在這般開放的狀態下，人生難道不會變得更美好嗎？

「紀律」的力量：戰勝邪惡，成就自我

27

二〇〇一年九月十四日，美國紐約世貿中心遭到攻擊的三天後，有位過去的病人打電話給我。雖然他感到萬分恐懼悲傷，但他不是為此而聯絡我，他整個人陷入倦怠無力的狀態，無法振作。這對他來說確實會造成問題，畢竟他經營公司，有五千多名員工仰賴他的領導。「我就是沒辦法把注意力放在事業上，事業好像沒意義了。」他對自己的惰性、缺乏活力不滿，卻不知道該怎麼對抗。我跟他說，他的反應很自然，全國各地的人都很難把心思放在工作上。

我問他：「你覺得攻擊我們的罪犯有力量完全摧毀美國嗎？」他毫不遲疑地回答：「當然沒有。」我繼續說：「那他們的目標是什麼？」他想了一下，回說：「摧毀我們的生活方式。」我問：「他們要怎麼做到這點？」電話另一端安靜了一陣子。「他們會分散我們的注意力，害我們無法繼續好好生活。」

對多數人來說，邪惡是一種難以招架的經驗，出其不意的突襲尤其難應付。邪惡會打擊我們的身分認同，導致日常的目標和活動顯得毫無意義。我們被拋進無力的驚愕狀態，喪失了信心，這才是攻擊者的最終目標，不只限於造成大量傷亡而已。他們沒辦法在實質上摧毀我們，所以他們的目標是摧毀我們的心智。

九一一事件後，世界就此改變，但改變的原因不是這場災難的規模，而是因為我們從骨子裡明白，我們面對的危險不會有結束的一天，我們看不到敵人被擊敗的那天，讓我們回到感覺「安全」的狀態。

就某種程度而言，身處於美國的我們，有很長一段時間都受到保護，免受邪惡勢力的侵襲。九一一事件迫使我們不得不接受「邪惡總是存在」的事實，對於這樣的現實，我們的反應不能只是生氣、絕望而已，我們不能夢想著邪惡終將離去，我們必須接受邪惡的存在，並且加以應對。

可是，邪惡隨時會發動攻擊，日子究竟要怎麼過下去？其實，正是因為邪惡不會離去，所以我們必須面對邪惡。如果要等到自己很安全、遠離邪惡的時候才恢復正常生活，那永遠都等不到。實情向來如此，我們卻一直否認。我們能夠摧毀攻擊者，卻無法摧毀邪惡本身。唯有我們改變自己對邪惡的反應，才能擊敗邪惡，獲得勝利。這是靈性上的問題。一旦我們正視邪惡，前方的人生就不可能不與高階原力產生連結。

如果說邪惡促使我們發現這些內在資源，那麼邪惡就成了我們的靈性導師。邪惡原本會導致你的目標毫無意義，經過這番改變以後，這股力量反而會推動你達成目標。你會因此成為戰無不勝的人，如果大家全都瞭解這點的話，美國就能成為戰無不勝的國家。然而，如果我們不以正面態度面對邪惡，就會陷入無力狀態。

該怎麼跟這些高階原力建立連結並且變得戰無不勝？祈禱和敬奉正是

關鍵所在，但還有一點同樣重要——紀律。紀律會在人生中塑造出無形的結構，進而吸引並留住高階原力。若說靈性力量是果園裡的果實，那麼這無形結構就是用來把果實搬回家的箱子。

請在紙上畫一個正方形，用來提醒自己，紀律箱的力量很強大。在正方形外圍畫一個圓圈，不用畫得太圓，但線條要保持彎曲，而且這個圓圈不可以碰到正方形的任何部分。正方形代表的是紀律打造的無形結構，圓形代表的是外界所有會導致你分心、脫離紀律的事物，也許是酒癮、垃圾食物、電視，也許是狐朋狗友。你對人際衝突、財務、恐懼——目前看似比你的道路更宏大的事物——有所執著，就會分心。不讓圓圈碰到正方形，就是不讓外界破壞你的紀律。正方形是無可阻擋的原力源頭，會帶領著你朝目標邁進。

你需要嚴守三種紀律。

第一種紀律叫做結構紀律，包含你的日常例行活動，例如進食、睡覺、運動等。你的目標是按固定的規律生活。這樣會跟高階原力建立連結，是因為宇宙是按規律運作。每天依照有條理的結構過日子，能教自我學會順從「時間」這個宏大的事物。要脫離無力狀態，首要之務就是把結構放回日常生活當中。

第二種紀律叫做反應紀律，就是對於一整天連番轟炸你的事件，有能力掌控自己的反應。如果你吃糖上癮，而有人給了你一塊甜餅乾，這時就要運用反應紀律回絕；如果開車時有人突然超你車，這時就要運用反應紀律，以免你氣急敗壞地回應對方。你失去控制時，就會受到外界的影響，失去你跟高階原力的連結——而高階原力只能從內在尋求。

最後，你需要擁有拓展紀律，就是你為求拓展人生而必須強迫自己採取的行動步驟。在商業上，會是指主動擴大客群或人脈，按部就班地發展新點子並追求創造。在私人生活層次，拓展紀律就是指交新朋友或發展新活動。做新的事情會引發焦慮感，也帶有不確定性，所以我們多半會避免拓展。唯有嚴守紀律，才能夠不斷強迫自己踏入未知地帶。宇宙不斷向外擴張，我們要跟宇宙的高階原力保持連結，就要跟上宇宙的步伐。

活在紀律箱裡頭，就能獲得莫大的回報，人生會更有意義。你可以實際培養出充分的力量來達成個人目標。不過，在靈性上，我們多半還是小寶寶，我們不想活得那麼不容易。要培養出足以打造紀律箱的毅力，就要遵循一套新人生觀。要在現代生活中往前邁進，以下的靈性美德缺一不可。

謙虛

自我喜歡鋪張和排場，那類行為彷彿能神奇地改變將來，使自我感覺充滿力量。但真正的紀律卻恰好相反，紀律是由無數的小步驟構成，儘管每個小步驟分開來看似乎並無意義。唯有自我保持謙遜，才能在富饒的道路上繼續前行。

默然

我們都喜歡每付出一分努力就獲得認可讚賞，由此可見，我們就像孩子，每跨出一步就要家長贊同。在這種需求下，人不可能過著有紀律的生活。紀律箱是由上百萬個微小步驟打造而成，而且大部分的小步驟，旁人完全察覺不到。如果保持默然就無法往前邁進，那你在靈性上就會變得虛弱無力，少了你所渴望的認可，最終你會撒手放棄。

無知

當我們做的事需要付出大量努力，自然會想知道確切的回報是什麼、何時能獲得回報。真正的力量是，儘管不知結果如何，還是有能力循序前進。你在靈性上必須採取以下的態度：「我就是要在這裡努力。」也就是說，不管回報是什麼，你的責任是持續落實這個過程。

貧窮

物質一旦打造出來，在被破壞之前都會持續存在。紀律箱不屬於物質，完全是由你的行動構成。無論你昨天多守紀律，只要今天不遵守，紀律箱就會瓦解。因此，你每天早上都是空無一物地醒來。在你用守紀律的行動重新打造紀律箱以前，你都是一貧如洗。只要接受這個事實，你就會不斷付出努力。

只要謹守前述四項原則，就能產生對抗莫大逆境的力量，協助你持續往前邁進。只要思考九一一事件，應該就能從中獲得啟發，以此保持人生正軌。

「情緒獨立」，不再仰賴他人給予

28

我相信婚姻，但我曾跟友人進行一番激烈討論，卻無法說服對方相信婚姻。他堅信我們脫離傳統價值觀太遠，尤其是失去了「婚姻是神聖承諾」的意識。對此，他特別歸咎於大家對心理治療的過度依賴。「基本上，心理諮商就是允許人們放棄責任。」

聽他的語氣，我覺得自己好像要為美國的高離婚率負起責任。我解釋說，為已婚伴侶提供諮商服務，就好比為中情局從事反恐工作，成功的話，不留痕跡，失敗的話，全國矚目。我幫助他人順利維持關係，對此深感自豪。有些患者接受心理治療後決定離開關係，通常是因為一開始就置身於惡言相向或窒礙難行的處境。實際上，那些人唯有離開目前的關係，才能學會如何順利經營婚姻。

在實務上，僅憑意識型態維持婚姻已經不夠了。我們所處的靈性時代，是以自由意志為中心，莫大的力量推動著個人往前邁進，每個人在靈性上的進展比以往任何時候都要重要。大家再也不會乖乖聽話，別人他們做什麼，他們就做什麼，每個人想過的是自己覺得理想的生活。

我無法說服他人在婚姻上好好努力，只能幫助他們接觸到自己的力量。要生出這股力量，就要培養某一項特定的個人特質。說來矛盾，這項特質也會使人更容易脫離關係並且快速恢復。有時候，要培養這股力量，唯一的方法就是離開關係。這項特質最適合命名為「情緒獨立」，意思是你的人生和身分都不仰賴他人來決定。

所謂情緒獨立，不表示你不在乎別人或不需要別人，而是**有些事物只能由你來給予你自己，而不仰賴他人的給予**。要瞭解情緒獨立，最簡單的方法是去研究情緒不獨立的人。如果有人因為婚姻破裂走不出來，而被轉介給我，對方告訴我五年前就結束婚姻的話，我一點也不會訝異，因為這種情況十分普遍。這些人因失去而感受到的哀傷已經失常。這世上沒有人值得你虛擲人生好幾年的時間，他們失去的是更重要的自己。他們仰賴另一半給予自己身分，但如今婚姻已經結束，他們覺得自己無足輕重。

我之前說過，要活出真實的自我身分，就要在這痛苦又可怕的世界不斷往前邁進。這是重大的責任，在有些人眼裡，這個責任太大，無從應對。他們認為另一半擁有某種魔力，能為他們打造身分，幫助他們脫離苦海。他們擱置了自己的人生，把重心放在另一個人身上，像是飛蛾撲火。他們把依賴和親密混為一談，從而造成嚴重無比的傷害。他們失去另一半時，以為再也找不到別人來取代，但其實是可以取代的，因為從一開始，就沒人具有那種魔力。

這種人接受心理治療時，他們的困境會成為培養情緒獨立的機會，而這個機會往往是他們有生以來的第一次。他們通常會接受這是走出分手痛苦的唯一方法，因為他們很孤單，所以願意努力。而後，他們會有驚人的發現——走出上一段關係時所需的獨立意識，正是保證下一段關係順利的絕佳辦法。培養出新的獨立意識以後，他們吸引到的類型、他們評價對方的方式、他們回應對方的方式，全都會有所改變。

一開始他們會很錯愕，他們之前放棄自己的獨立，為的是維持感情順利。不過，看看依賴的人在感情關係裡的表現吧，由於他們透過另一半來定義自己，所以對另一半的反應患得患失。他們會試圖控制那些反應，通常是壓抑自己，或者提出過分的要求，有時會在壓抑自己和過分要求之間來回。這樣還行不通的話，就會覺得受傷，接著不是退縮，就是攻擊。這會引出另一半最壞的一面，進而製造問題。雙方砲火不斷，卻少有真正的連結。

唯有做到獨立，才能有真正的連結。有了自己的生活和身分，跟另一半相處才不會被牽著鼻子走。感情關係確實重要，卻不至於攸關生死。獨立能使兩個人保持一定距離，算是一種緩衝，使衝突不至於快速升高。在這段平和睦的距離中，真正的親密才會出現。同時，人的獨立也會使他們散發更大的吸引力。擁有自己人生的人，最能散發魅力。

獨立還有一個好處——清晰的洞察力。當你迫切需要對方，你的期望和恐懼會變成一團霧氣，籠罩著對方，讓你看不清他的真實樣貌。所以才會有人從不良關係覺醒後，自問到底是怎麼淪落到這般地步的。獨立就像是把眼鏡擦乾淨，突然之間，你看清了眼前的世界。你終於有了實際可行的機會，也許能選出真正合適的結婚對象。

問題是，大部分的人都不曉得該怎麼建立自己的身分。對另一半生氣、挑釁或吹毛求疵，都不是獨立。這表示你的情緒反應還是以對方為重心。情緒獨立是個過程，需要付出一番努力。

處理負面情緒

依賴者對於處理自己的痛苦，毫無計畫可言。一感受到不愉快的情緒，就期待另一半讓那情緒消失不見。這樣一來，無疑會給另一半太多權力。就算這種做法有用，也會讓人感覺你幼稚弱小。所謂的獨立，就是有能力獨自應對寂寞、受傷的感覺、低落的情緒、自身的恐懼。

獨立並不是不求助，而是你會先期望自己處理。有人會把自己的不愉快像未經處理的垃圾般一股腦倒給配偶，有人會先設法控制自己的感覺、再請對方支持，這兩種做法的差別很大，第一種做法會引發怒氣，第二種做法則能為你贏得尊重。

人之所以會留在不良關係當中，其中一個原因是他們怕自己離開以後，痛苦會隨即到來。儘管這份痛苦很強烈，卻是邁向情緒獨立的關鍵步驟。處理分手之痛的訣竅是要記住：痛苦的到來有如浪潮，會有難以承受的高峰，讓你覺得世界末日就要到來，但這些時刻不會長存。知道了這一點，你就能學會在最黑暗的時刻，保持明悉的洞察力，這項技能能讓你一生受益良多。

這些痛苦時刻浮現的念頭，通常無法精確描繪真實的發生情況。無法再跟別人交往了、這是你的錯、這段關係還可以再努力、談這段感情很浪費時間……這些都不是真的。有這些感覺很正常，但它們會把你往後拉，所以你要好好釐清這些感覺的緣由，當場就立刻阻止。

要結束一段關係並且走出來，也需要在行為上有所克制。也就是說，你跟前任講話的方式，還有你透露的事情，都要謹守紀律。

保持個人習慣

你的日常生活都很守紀律的話，就能打造出無形的結構，就算感情關係結束，這個無形的結構也不會消失不見。進食、睡覺、運動、獨處等的日常習慣，都包括在內。此外，還要去接觸你通常會避開的事物。這些日常習慣就是獨立身分的根基，因為這些習慣要靠你而非別人來養成。

不獨立的人一進入感情關係，很快就會放棄他們擁有的任何結構——這永遠不是好預兆。要維持結構，最好的方法就是每晚花兩分鐘的時間檢討自己，把前一天應該完成卻逃避的事情全記下來，然後承諾隔天要做。

紀律，其實是你跟時間之間的一段富有成效的關係，更是你不能失去的一段關係。

培養外部興趣

依賴者會無意識地放棄感情關係以外的所有興趣，把配偶看成是擁有某種魔力的人物，保護依賴者不受外界侵擾。擁有真正的身分，意味著為自己人生中的前進動力負起責任，而有些前進動力來自婚姻以外，例如友誼、服務團體、嗜好、藝術活動等。你心中重要的事，就算配偶不參與，應該要給予支持。如果對方要求你放棄這些興趣，你們之間就會出問題。一定要投入那些可代表人生前進動力的事物，否則關係結束後，你還會想回頭再續前緣。

「培養情緒獨立」與「僅熱中於自身事務」恰好相反，前者需要你守紀律，並順從於某個比自身更宏大的事物。只要努力，你就能培養出足以放下過去的力量，讓你能選出更好的另一半，建立穩定又長久的關係。

從內在找到「高階動力」

29

對大部分的人來說，要在今日的世界找到內心的平靜，好像不太可能。壓力如影隨形地跟著我們，人生已經夠辛苦了，我們卻還把人生搞得壓力更大。我們過勞，排滿孩子的日常行程，明明可以避免爭吵，卻還是吵了起來。我們太過關注股市，緊盯電視上的每個新聞，瘋狂寄電子郵件給彼此，彷彿對瀕臨混亂和災難的生活上了癮。為什麼會選擇活在暴風裡呢？我們明明沒打算折磨自己，結果卻事與願違。

我們對壓力上癮，是因為在毫無壓力的情況下，我們不曉得該怎麼擁有動力。生活在現代世界，我們總是朝自己以外的地方尋求一切，就連動力也是向外尋求。除非我們被誘惑或被強迫、感到害怕或憤怒，否則就無法採取行動。這些能量引發了莫大的壓力，長期下來對我們有害無益，我們變得沒有目的，沒有方向，剩下的只有壓力本身。

我的一位患者正是明顯的例子，她是位軟體設計師，二十幾歲時過得渾渾噩噩，沒有方向也沒有自信。到了三十歲，她受雇於一位精力充沛的男士，對方剛成立新公司，他看見她隱藏的潛能，所以給她越來越多的職責，還有隨之而來的升職。不久，她就成了很多人的主管，前往世界各地出差。

曾經膽怯消極的女性，成了有自信、有創造力、精力充沛的成功人士。她這麼形容自己：「我覺得自己好像槍裡射出的子彈。」我問她是怎麼達到這種新狀態的，她說：「不是達到，是借用。」意思是她自己沒有動力，她的能量和方向是老闆引發的，有時是透過靈感，但更多時候是出於恐懼。「我不敢不拿出動力，我覺得自己別無選擇。」公司日漸壯大，老闆的要求越來越多，最後她的壓力值超標，便決定辭職了。

起初，她認為自己運氣很好。趁著股市還在走高時，她賣掉股票換現金，有足夠的金錢，不用工作，她打算享受毫無壓力的完美人生。她結婚的對象跟老闆猶如對比，對方是大學教授，極少會拉高嗓門說話。他們有兩個孩子，住在漂亮的房子裡。她獲得很多幫助，也有很多空閒時間。她活出了自己的夢想，卻過得不開心。我就是在那時遇見了她。

她開始接受心理治療，是因為她的壓力值再度飆高。她發現自己為了一點小事就跟老公找架吵，而原本溫和的男子現在也經常對她大吼大叫。她生活中的很多地方都被拖延症給毀了，她等到帳單過期了才繳，她等到約會要遲到了才淋浴穿衣。最糟糕的一點是，她失去了人生目標和自我價值感，每天癱在電視前好幾個小時動也不動。

她無比困惑。「我不明白這一切是怎麼發生的。我有了嶄新的人生，卻跟工作的時候一樣緊繃，現在甚至變得更一事無成。」在我看來，這並不是什麼無解的謎團，她的問題還是和當年一樣——無法從內心獲得動力，大多數人都有這種問題，朝自己以外的地方尋找能量和方向，之前她是在精力旺盛、要求嚴苛的老闆那裡暫時找到能量和方向，老闆把她逼近忙得團團轉的狀態。沒有老闆，她就毫無動力。於是現在她下意識地創造新的外在刺激，跟老公吵架、因應朋友的要求、拖著帳單沒繳，這些經驗雖不愉快，卻會把一波波的能量傳送到她的體內，她沉迷於壓力之下。

當你使用外在刺激來推動自己，表示你依賴的是我所稱的「低階動力系統」（前文提過的低階管道的分支）。這位女性把壓力當成動力，而其他人依賴的可能是藥物、咖啡因、媒體，甚至是性。之所以歸成低階系統，因為它來自於我們消極幼稚、逃避責任的那一面。

如果能量是來自於自己以外的地方，就不能信任它會帶領你度過逆境。在最黑暗的時刻，你會失去膽量，撒手放棄。這股外在推動的能量是一陣陣迸發的，讓你發狂似地到處奔忙，卻很少會帶來真正的方向感或成就感。我們的文化就是奠基於這個低階動力系統，廣告、速食、智慧型手機傳送的文字訊息，全都在暗示我們，我們此刻就能得到自己需要的東西。我們就像實驗室的老鼠，沒有更高遠的目標，反覆按壓著同樣的槓桿。現代世界摧毀了我們的意志，但是我們動得太快，甚至沒察覺到這點。

失去意志，正是今日的人們面臨的主要挑戰。心理學往往會略過意志不談，彷彿這是個膚淺的議題，其實不然。

意志薄弱者永遠找不到自己，受旁人和事物給宰制，脫離了自身的真實樣貌。不僅如此，原本是要利用壓力來激勵自己，結果反而陷入了無止境的負能量狀態。

恢復意志力，終歸是靈性上的議題。你有個部分能夠維持自己的行進路線，不被令人分心的外在事物影響，那個部分就是你的高我。高我會把你連結到那些無可阻擋的高階原力，宇宙原力不仰賴你以外的事物。唯有高我能為你的人生帶來意義感。

你可以利用我所謂的高階動力系統來激發高我，這個系統會產生自己的能量，而且無論人生變得多艱辛，都會不停地往前邁進。高階系統的祕訣，是讓你活著的每一天、你採取的每一個行動，都具有個人意義。這份意義感會成為你的能量來源。

對今日的人們來說，「意義創造能量」的觀念好像很奇怪，但其實我們都經歷過。回想你曾經幫助某個陌生人的經驗，也許是很小的忙，比如在公車上讓座。你不是受到恐懼或衝突的刺激，也不是為了立即的滿足感。你之所以去做，是因為覺得這麼做是正確、有意義的。在那一刻，就是高階原力促使你採取行動。

要激發高階動力系統，訣竅是要能在一天的每一刻創造出那份意義感，並且覺得自己「做對了」。這樣一來，你就有了用之不竭的意志泉源，不需要壓力來觸發意志，就算沒立刻得到自己想要的結果，也不會就此放棄。同時，你會變得更沉著、更堅決——這是高我的特徵。

感覺自己「做對了」，
將擁有了用之不竭的意志泉源。

該怎麼創造那份意義感？幫助別人是其中一環，但那無法促進你邁向個人目標。事先把一天要做的每件事都列進計畫裡，就能創造意義。每個行動之所以能各有意義，是因為每個行動都代表著你對自己許下的一項承諾，所以你才會覺得「做對了」。小行動就跟大行動一樣有意義。

高階動力系統的概念很簡單，落實起來卻很難。疲累或分心時，我們就容易回到以前的混亂狀態，承受著隨之而來的壓力，這是人之常情。你需要一個控制台來監測系統，確保你能按部就班地進行。你可以像前文所述那樣每晚檢討，比如睡前花五分鐘想想隔天的行程並寫下來。你要先定下一天的行程，明確知道自己在各個部分要做的事，例如何時用餐、寫作、做雜事、運動等。發生緊急狀況的話，可以提出異議，但要盡量遵守目標計畫進行。這樣一來，你就有了創造自己日子的經驗。只要依照計畫的各部分進行，就會感受到意義感。如果你沒有上班，這點更是重要。

接著，挑選你平常會逃避的行動，至少挑選一個，並且投入其中。可以的話，甚至訂下何時要做。隔天採取行動時，你就會感受到自己對自己信守承諾。

在高階動力系統中，採取行動不只是為了獲得成功，更是為了要讓行動對我們產生的影響。我們會連結到高階原力，將我們的狀態從壓力轉變成力量。

30

「個體化」成為真正的自己

我有位女性患者，父親害她生了病。她離婚後，兒子離家讀大學，她一個人住在小公寓。她的父親身體健康，但七十歲時卻突然做了個決定，不想再獨居。他想了個最簡單的辦法——搬去跟女兒住。他沒告知女兒這個決定，沒打一聲招呼就出現在女兒家。那天女兒下班回家，發現父親睡在客廳的沙發上。之後，父親就長住下來了，不再跟朋友或其他家人往來，女兒成為他的世界中心。

如果女兒晚上或週末出門，他會像個被拋棄的孩子般扁嘴。一週又一週過去，父親越來越像巨嬰，不願自己煮飯、不願打理個人衛生，不去買家用品，也沒付租金給女兒。

女兒想起十年前父親曾罹患憂鬱症，當時服藥很有幫助，於是提議帶他去看精神科醫師，想在住家附近幫父親找間公寓（是父親可以負擔的租金）。但父親拒絕了，他只想蜷曲在女兒家的沙發上。這個男人不只介入女兒的公寓，還介入了女兒的人生。

女兒開始厭惡父親，雖然很自然，但她對自己的反應深感困擾。「每次回到家，父親就賴在沙發上，態度惡劣。我只想躲進臥室，鎖上房門，不想看到他。」她十分生氣，父親的消極抵抗讓她無能為力。她可以起身對抗老闆，但是面對家人，她就沒了氣力。僵持了幾個月，她的身體開始出狀況，先是結腸炎發作，她以為是消化不良。後來，她開始掉髮，這時她不得不承認自己有麻煩了。不過我們見面時，她問我的第一件事，卻是該怎麼幫助父親。我建議她暫時忘掉父親的事。她必須先處理自己內在的問題——內疚。

她的父母都是移民，初到美國時很辛苦。父母教導四個孩子要絕對忠於家人，還說只有家人是唯一能信任的。沒有符合家人的期望（尤其是父母），更是天打雷劈般的罪行。我的患者知道這種想法太過極端，所以沒這樣教兒子，但在面對自己的父親時，卻無法掙脫這樣的制約。不管父親要求什麼，她都照做，否則，當個「壞女兒」引發的內疚會把她給壓垮。母親去世後，父親的期望變得更過分。現在她被困住了——她無法順從父親的要求，卻也內疚得無法拒絕。

「我該怎麼擺脫內疚？」她如此問道。我解釋說，她沒辦法讓內疚消失，至少無法立刻消失。不過，她可以做一件更重要的事——改變自己對內疚產生的反應。她就跟大部分的人一樣，家人讓她覺得內疚時，便立刻以為是自己做錯事。她崩潰、讓步、聽從家人的要求，就只為了逃離那種痛苦。**療癒自己的第一步，就是感到內疚時也不讓步，也就是忍受內疚，但什麼也別做**。要到達這種狀態，必須先改變內疚的意義。不要認為心生內疚就表示做錯事，反而要認為內疚代表著你做對了。

為了解釋這個觀念，我問她，為什麼她不像父母制約她那樣去制約兒子？「因為我希望他青出於藍，變得比我獨立。」她的兒子何其有幸能有這樣的母親，因為她把最好的禮物「個體性」（individuality）送給了他。

個體化是指長大成人、脫離原生家庭的過程。只是在許多情況下，家庭會抗拒這個過程。父母們害怕孩子獨立自主後，就不再關愛家人，不為家裡付出，所以他們定下嚴格的期望，讓孩子在違背期望時感到內疚。對於在這種環境下長大的孩子，內疚表示有勇氣拒絕家長的期望，為自己界定何謂正確的事，心生內疚表示孩子正在邁向獨立自主。

內疚這類痛苦的情緒，具有正面的價值，並不代表失敗，而是代表有所進展。我們都曾在運動時經歷過身體上的痛苦——健身時肌肉會痠痛，但你會認為這樣的疼痛有正面價值，因為痛苦讓你變得更強壯。然而，內疚也不是永遠都代表你做對事情。你違背自身行為標準時也會心生內疚。在那種情況下，你確實做錯了什麼事，但並不是根據別人的期望來判斷，而是你自己覺得什麼事是正確的。那種內疚通常稱為「良心」。說來矛盾，要等到你個體化之後，你才會擁有自己的真正標準。

有了這套新工具以後，這位女性開始拒絕父親的要求。她很快就發現，內心出現的內疚是反指標，而且這是她這輩子第一次堅守立場。

人們經歷個體化，並且學著拒絕家人的時候，總是害怕自己變得冷酷或漠不關心。他們以為自己一旦從原生家庭獨立出來，就會跟家人斷了關係。其實不會，人經歷個體化以後，在情緒上就會獲得自由，也就是說，他們可以選擇反抗對方的要求，同時仍關愛著對方。雙方分開，卻仍相連。

實際上，有兩種不同的能量會同時發送出來，那是宇宙的兩種基本能量：第一種能量讓我們以個體的形式彼此分離；第二種能量把我們連結到全體。這種同時做兩件事的情緒能力，其實正是個體化的定義。要是沒有這種情緒能力，每次互動就會變得非黑即白——不是消極順從，就是拚個你死我活。這些沒有中間值的互動，就是家庭內的情緒暴力和肢體暴力的源頭。

要同時運用這兩種能量，祕訣在於情緒上的主動。每次你不得不開口拒絕，尤其是拒絕家人的時候，請主動向對方示好，藉此達到平衡。示好時，你可以把語氣放軟，或者觸碰對方，或者花一點時間解釋你的立場（但不用徵求對方許可）。向對方表達愛，並不會讓你顯得軟弱。就算對方不喜歡你的立場，只要對方感受到你願意繼續保持連結，其實你會顯得更為強大。

這位女性把這套方法用在父親身上，她不再為父親料理三餐（父親自己就能做好），她不再大聲摔門、把自己關在房裡，反而做了自己的晚餐，邊吃邊跟父親聊天。她很訝異的是，父親竟然開始尊重她的時間和空間了。她在其他地方也繼續採取這套方法，不到一個月，父親就自己另外租了公寓，女兒的個體化激勵了父親長大。

成為獨立自主的個體，反而能幫助家人，這種說法很有道理。只要你活出自己，跟家人間的連結就會變得更實在。唯有你基於自由意志為他人付出，才具有長久的價值。

現代家庭必須進化成以下的結構：家庭裡的每位成員都能自由成為獨立的個體，但仍保持連結。否則，家庭單位就會破碎得比之前更嚴重。團體需要每一位個體的單獨能量，這個概念在商界尤其顯而易見，現代經理人會請教生產線的勞工，找出哪種方式可以改進產品。

在最高的層次上，這一切在在傳達著人類在靈性上的演化。若把這深奧的概念簡化再三，可以把演化想成是三階段的過程。

在第一階段，人類是一個全體，沒人意識到自己是個體，這就是《聖經》所說的「伊甸園」。

在第二階段，這個集體的有機體分裂成多個單獨個體，每位個體都意識到了自己，卻跟同伴失去連結。「人類的墮落」的故事就是表達這種情況，並且呈現在今日社會體制——社區、學校、家庭——的衰弱上。我們被化約成一群超級個人主義者，彼此之間斷了關係。

第三階段尚未到來，終有一天，我們會保有自己的個體性，但以人類大家庭的形式團圓。在我心裡，這就是演化的目標——每個人同時意識到自身的獨立和連結。既然你需要運用這兩種對立的力量來脫離家庭、邁向個體化，以你的努力等於是朝著演化的目標邁出了一步。

國家層次的演化，也會經歷同樣的過程。我們面對著前所未有、複雜難解的重重難關。面對難關，我們不能消極應對，否則就會像那位女兒，任由父親進入她的生活為所欲為。然而，不主動接觸地球大家庭的其他成員，我們就無法克服眼前的諸多問題，地緣政治問題就是一例。

也就是說，**就算我們不贊同別人的觀點，也要予以尊重**。正如脫離原生家庭、邁向個體化的那位女兒，**我們必須學會主動與包容**，這樣一來，地球大家庭的其他成員就會從中獲得啟發。這個解決辦法不適合用於論辯，無法讓極端人士感到滿意，卻可以用來因應我們在靈性上面臨的難關。

在我看來，我們的存亡有賴於此。

誌謝

我有幸獲得一群優秀人才的支持，他們對本書的熱忱不亞於我。本書得以完成，他們每個人都扮演著關鍵角色。

感謝巴瑞．麥可斯（Barry Michels）、潔咪．羅斯（Jamie Rose）、艾莉西亞．威爾斯（Alicia Wells）、茱莉亞．史塔茲（Julia Stutz）、艾琳．賈西亞（Aline Garcia）、瑪莉瑟拉．希曼內茲（Marisela Jimenez）、莎拉．希曼內茲（Sarai Jimenez）、克利斯坦．薩金特（Kristan Sargeant）、班．葛林伯（Ben Greenberg）、珍妮佛．喬爾（Jennifer Joel）。

國家圖書館出版品預行編目資料

從低谷突破：40 年精神科權威史塔茲的療癒之道 / 菲爾．史塔茲 (Phil Stutz) 著；姚怡平譯 . -- 初版 . -- 臺北市：三采文化股份有限公司，2025.03
面；　公分 . -- (Mind map)
譯自：Lessons for living：what only adversity can teach you
ISBN 978-626-358-611-6(平裝)

1.CST: 心理治療

178.8　　114000185

◎書腰作者照
©Brad Mitchell Cohen

封面圖像：
由 AI 生成再經設計修改而成

suncolor 三采文化

Mind Map 288
從低谷突破
40 年精神科權威史塔茲的療癒之道

作者｜菲爾．史塔茲（Phil Stutz）　譯者｜姚怡平
編輯四部 總編輯｜王曉雯　主編｜黃迺淳　文字編輯｜謝汝萱
美術主編｜藍秀婷　封面設計｜方曉君　版權副理｜杜曉涵
版型設計｜魏子琪　內頁編排｜魏子琪　校對｜黃志誠
行銷協理｜張育珊　行銷企劃｜徐瑋謙

發行人｜張輝明　總編輯長｜曾雅青　發行所｜三采文化股份有限公司
地址｜台北市內湖區瑞光路 513 巷 33 號 8 樓
傳訊｜TEL:8797-1234　FAX:8797-1688　網址｜www.suncolor.com.tw
郵政劃撥｜帳號：14319060　戶名：三采文化股份有限公司
初版發行｜2025 年 3 月 28 日　定價｜NT$450
5 刷｜2025 年 8 月 30 日